Nina Badelt

Grüne Glücksorte in Mannheim

Geh raus & blüh auf

Dieses

Glücksbuch

ist für

Liebe Glücksuchende,

wir träumen von großen Reisen, Stränden an endlosen Meeren, jagen Highlights und verpassen dabei oft die einfachen Freuden: wie die Stadt riecht, wenn es geregnet hat. Wie die Bienen in die Stadt zurückkehren. Wie die Gräser der Neckarwiesen im Wind tanzen oder Kieselsteine am Rheinstrand glitzern.
Mannheim überrascht: Am Fuße des Müllbergs, im Industriehafen, außerhalb der Betonwüste blüht es in allen erdenklichen Farben. Überall zeigt sich, was Leben bedeutet. Es gibt unzählige Anlaufstellen, die Seele aufzutanken.
Einer Symphonie gleich zieht sich Grün durch alle Stadtteile, entlang der Lebensadern, die diese Stadt begründet haben: Rhein und Neckar. Aber auch abseits der Flüsse sind Parks und Grünflächen entstanden, haben sich Biotope gebildet, wurden Orte begrünt sowie kultiviert und zaubern uns ein Lächeln ins Gesicht. Mannheim besteht zu 50 Prozent aus Grünflächen und hat zudem das große Glück, 2023 die Bundesgartenschau auszurichten und dadurch noch blühender zu erstrahlen als zuvor.
Man muss es in Mannheim nicht suchen, nur sehen: Überall ist Grün!

Ihre Nina Badelt

Deine Glücksorte ...

... noch mehr Glück für dich

Ausufernde Grünheit

1 Wilder Dschungel – Naturschutzgebiet Wörthel

Wer von Seckenheim aus die Autobahnbrücke in Richtung Neuostheim unterquert, spaziert über ein offenes Wiesengelände und dann durch ein schmales Uferwäldchen. Die Straße ist ganz in der Nähe, und dennoch taucht man komplett ab ins Grün. Der Neckar fesselt während der 5 Kilometer bis zur Innenstadt den Blick. Auf jeden Fall wird man einige Gleichgesinnte treffen, denn eine solche paradiesische Wildnis bleibt natürlich nicht lange verborgen.

Diese Idylle hat einen Namen, der auch auf Infotafeln am Wegesrand zu finden ist: Naturschutzgebiet Wörthel. Wörthel bedeutet eigentlich Inselchen – ein passender Name wäre auch: „Grünheit". Eine grüne Schönheit. Das wäre eine perfekte Beschreibung dieses Teilbereichs von insgesamt sechs Naturschutzgebieten am Unteren Neckar zwischen Mannheim und Heidelberg, die sich wie Perlen einer Kette aneinanderreihen. Stundenlang kann man hier entlanglaufen, sich Geschichten erzählen und die Zeit vergessen, ohne nur eine Sekunde an morgen zu denken. Lustig: Die Brücke am anderen Ende des Naturschutzgebiets beim City Airport, benannt nach dem Politiker Carlo Schmid (1896–1979), hat vier Anschlusselemente für Auf- und Abfahrten, die vorbereitet, aber baulich nicht verwirklicht wurden. Auf dem Neckarabschnitt gibt es kleine Kies- und Sandbänke. Zum Baden ist der Fluss etwas zu wild, aber dafür badet der Geist endlos im Grün. Man ist gut beraten, es mit jedem Atemzug mitzunehmen und für die kargen Wintermonate in die Tasche zu packen.

Seltene Vogelarten wie Eisvögel und Uferschwalben finden gemütliche Brut- und Rastplätze in den Weidengebüschen und Röhrichten. Wenn die Natur sich im Herbst wieder zur Ruhe setzt, sieht man viele Vögel in großen Schwärmen gen Süden ziehen. Majestätisch und pfeilschnell gleiten sie oft lautlos über die grünen Wiesenteppiche. Sehnsüchtig schaut man ihnen manchmal nach und schickt einen Traum mit auf die Reise in wärmere Gefilde.

- Naturschutzgebiet Wörthel, 68163 Mannheim
- ÖPNV: Straßenbahn 5, Haltestelle Duale Hochschule (ca. 500 Meter Fußweg)

Versteckspiel mit Fröschen

2

Die Fischkinderstube Edingen-Neckarhausen

In der direkten Nachbarschaft Mannheims gibt es eine grüne Lehrstube für Wasserbegeisterte. Aber sie ist viel mehr. Die Fischkinderstube in Edingen ist Stillwasserlebensraum, Rückzugs- und Laichgebiet für Fische und lebensnotwendig dafür, dass die bunte, geheimnisvolle Flusslebewelt erhalten bleiben kann. Hier liegt eines der größten Seitengewässer des Neckars, 320 Meter lang und bis zu 55 Meter breit. Das Gewässer der Fischkinderstube Brune-Engelhorn-See ist nach den zwei größten Privatspendern benannt. Über Durchlässen, auf Brücken und Trittsteinen kann man zwischen Edingen und Neckarhausen all den quirligen Lebewesen der Flusswelt ganz nahe sein. Kann Lernen wirklich so schön sein?

Breite Steintreppen bieten viel schattigen Platz für gemeinsames Beobachten und Begreifen in der Natur. Schulklassen können den Unterricht bei passendem Wetter ins Freie verlagern, sozusagen ins „Klassenzimmer unter dem Sonnensegel". Neugierige erwartet hier ein kleines Auenbiotop. Zur Erklärung geben zahlreiche Schautafeln Einblicke in eine Welt, die man sonst nicht zu Gesicht bekommt. Wer um den kleinen angelegten See geschlendert ist, hat schon einiges über das vielfältige Leben am Wasser erfahren. Wem das noch nicht reicht, der kann einfach am Neckarlauf ein paar Schritte weiter dem Blauen Band und den Naturschutzgebieten folgen, die sich seelenruhig an grünen Ufern in Richtung Heidelberg aneinanderreihen. Hier und da quakt es laut – man entdeckt Frösche, Fische und anderes Getier, zeitweise sieht man Schwanengänse und Kormorane, die sich in dem Gewässer niedergelassen haben. Heimische Hölzer dienen als Unterschlupf- und Versteckmöglichkeiten für mehr als zwölf Fischarten. Das grüne Wohnzimmer für Fischkinder ist inzwischen zu einem berühmten kleinen Naherholungsziel für Mannheimer geworden. In diesem grünen Wunderland gibt es nur Gewinner – Erwachsene, Kinder, Insekten, Vögel und Fische.

TIPP

Am Sonntagmorgen bei Sonnenaufgang zum Yoga auf den Holzsteg kommen.

- Fischkinderstube, parallel zur Hauptstraße, 68535 Edingen-Neckarhausen
- ÖPNV: Bus 42, Haltestelle Pfälzer Hof (ca. 550 Meter Fußweg); Straßenbahn 5, Haltestelle Edingen West (ca. 1,3 Kilometer Fußweg)

Heilsamer Spaziergang

3 Das Theodor-Kutzer-Ufer am Klinikum

Am Theodor-Kutzer-Ufer landet man auf einer Allee wie aus dem Alleenbilderbuch. Auf einem roten Teppich aus Kieselsteinen und Beton wandelt man zwischen den altehrwürdigen Platanen umher. Imposante Baumriesen wie aus einer anderen Welt geleiten entlang des Neckars und des beeindruckenden Mannheimer Universitätsklinikums. Die charakteristischen Kugellampen wechseln sich ab mit dem Grün der Blätter und weisen den Weg, wenn es dunkel wird. Am Haupteingang auf der Neckarseite streift man das Pariser Tor, bei dessen imponierendem Anblick man beinahe in Versuchung gerät, hindurchzugehen. Ginge man diesem Impuls nach, befände man sich in einem riesigen Krankenhauskomplex mit rund 30 Kliniken und Instituten aller Fachrichtungen. Beeindruckt flaniert man an den alten architektonisch detailreichen Gebäudeteilen vorbei. Die 230 alten Platanen bilden im Sommer ein schützendes Blätterdach für Patienten, Personal und Besucherinnen oder die, die einfach einen der ruhestiftendsten und romantischsten Spazierwege Mannheims genießen. Während man schlendert und entschleunigt, hat man eines immer im Blick: den gegenüberliegenden Mannheimer Fernsehturm. Stolz zeigt er sich aus allen erdenklichen Winkeln, als lächle er mit seinen blitzenden Fensterscheiben des Drehrestaurants und der Aussichtsplattform vom gegenüberliegenden Ufer herüber. Majestätisch spiegelt er sich im oft ruhigen Neckarwasser. Manchmal lugt er spitzbübisch aus dem Morgennebel hervor.
Wegen ihres atemberaubenden Ausblicks verläuft hier eine der beliebtesten Joggingstrecken der Stadt. Im Maruba lassen sich die Mannheimer die Sonne auf die Nasenspitzen scheinen und schlürfen leckeren Latte macchiato. Gourmets genießen an sonnigen Tagen den Blick über den Fluss und folgen gespannt den Ruderern im Boot, die am Steg zu ihren sportlichen Challenges aufbrechen. Wer sich mit den Raben und dem Fluss weitertreiben lässt, findet sich bald auf der Friedrich-Ebert-Brücke wieder.

- Theodor-Kutzer-Ufer, 68167 Mannheim
- ÖPNV: diverse Linien, Haltestelle Universitätsklinikum; Straßenbahn 1, 3, Haltestelle Theresienkrankenhaus (je ca. 550 Meter Fußweg)

Vorhang auf für Grün

4 Garten der Heiterkeit: Freilichtbühne Mannheim

Nicht nur ruhig und verwunschen kann das Mannheimer Grün sein, sondern auch lustig und lebendig. Seit den 1950er-Jahren üben freiwillige engagierte Glückstifter auf der Mannheimer Freilichtbühne in den Sommermonaten einen besonders unterhaltsamen Bildungsauftrag aus: die humorvolle, ernste, dramatische oder kritische Unterhaltung der großen und kleinen Mannheimer!
In direkter Nachbarschaft zum Käfertaler Wald, in der Mannheimer Gartenstadt, begeistern Stücke wie „Pippi Langstrumpf" oder „Träumen unter Bäumen", aber auch Theaterkrimis oder Sketche von Loriot ihre Fans. Der Eingang scheint mitten in einem botanischen Garten zu liegen. An den Nachmittagen, Abenden und Wochenenden, wenn das Glück am Waldrand in der Gartenstadt regiert, begrüßt der Geschäftsführer persönlich seine neugierigen Gäste unter den Bäumen im alten Amphitheater mit über 700 Plätzen. Er liest sogar die Geburtstagskinder vor, die an diesem Tag hier mit den Laiendarstellern feiern, und dankt den von weit her Angereisten. Auf extra ausgegebenen Kissen lässt es sich hervorragend über die mit Herzblut dargebotenen Stücke lachen, mitweinen und leiden. Die Spektakel im Grünen sind die ideale Sonntagsbespaßung für Oma, Opa und Kind und alle, die ihr Leben kulturell bereichern wollen.
Während der Aufführungen beben die Ränge manchmal unter dem Lachen der Zuschauer, faszinierte Gesichter sind auf die Naturbühne gerichtet. Da es keine Überdachung gibt, kann man die ganze Zeit über die frische Sommerluft genießen. Umgeben von wohltuendem Grün ist es dabei immer herrlich kühl. Um die Organisation und die Darbietungen kümmern sich Freiwillige, deren Herz für die Kleinkunst schlägt. Im Frühjahr und Herbst verlagern sich die unterhaltsamen Darbietungen dann einfach ins Zimmertheater. Wer selbst gerne zur Unterhaltung der Gäste beitragen möchte, ist zum Mitmachen auf und hinter der Bühne eingeladen. Jeder kann hier ganz groß rauskommen.

- Freilichtbühne Mannheim, Kirchwaldstraße 10, 68305 Mannheim, Tel. (06 21) 7 62 81 00, www.flbmannheim.de
- ÖPNV: Straßenbahn 4, Haltestelle Freilichtbühne; Bus 55, Haltestelle Kirchwaldstraße

Wirtschaftsspielwiese

5 Grün der Superlative im Taylor Park

Insgesamt drei Pritzker-Preisträger haben ihre genialen Spuren in Mannheim hinterlassen. Zuletzt war es Diébédo Francis Kéré, der die höchste architektonische Anerkennung für seinen Gewinnerentwurf des Taylor-Areals bekam. Was aus der ehemaligen US-Army-Fläche in den letzten Jahren entstand, ist beispiellos: Bis vor Kurzem übergaben sich hier noch Leutnant und Officer die Waffe, heute lockt an dieser Stelle Mannheims grünstes Gewerbegebiet. 1700 Quadratmeter Sportanlagen und 10 Hektar Parkanlage bilden eine perfekte Symbiose aus Sportlichkeit und Biodiversität.

Der Taylor Park in der Mitte ist Teil des Grünzugs Nordost. Das Grüne Band durchzieht die Stadt vom Neckar bis zum Käfertaler Wald. 1000 Bäume, die hier groß werden, sorgen bald für schattige Perspektiven und das Gefühl, sich die Sorgen von der Seele zu atmen und den Kopf durchlüften zu können. Ein weiterer Vorteil für Mannheim: Insgesamt werden bei 80 Unternehmen auf Taylor viele neue Arbeitsplätze entstehen. Ein Gewerbegebiet als Sehnsuchtsort? Definitiv ja! Zwischen großen, sorgfältig ins Grün integrierten Lagerhallen und Depots, dem Honeycamp und DHL ist seit der Eröffnung 2019 ein natürlicher Ort zum Herunterkommen entstanden. Es gibt großzügigen Lebensraum für seltene Pflanzen- und Tierarten. Die durch das gesamte Gelände führenden adretten Geh- und Radwege machen Taylor zu einem erfahrbaren Lieblingsort. Der Park wurde sogar als deutsches Vorzeigeprojekt beim European Green Cities Award ausgezeichnet. Zur Eröffnung des riesigen tollen Skaterparks kam sogar die Olympiamannschaft. Unter grenzenlosem blauem Himmel stählen Sportler ihre Muskeln und genießen dabei die Freude der Kleinen beim Blick auf Spiel-, Fußball- und Skaterplätze.

Besonders schön: Drumherum gibt es fast nur Blumenwiesen, und wenn der Mohn im Juni blüht, vermitteln die breiten Sonnenliegen ein Gefühl, als liege man auf einer Sommerwiese irgendwo auf einer Alm. Hier vergehen Stunden wie im Flug – die Draußenzeit dürfte auf Taylor nie enden.

TIPP

Auf dem Spielplatz mal wieder ganz Kind sein auf der endlos langen Riesenrutsche!

- Taylor Park, Schneeberger Straße 19, 68309 Mannheim
- ÖPNV: Bus 54, 66, Haltestelle Chemnitzer Straße (ca. 300 Meter Fußweg); Straßenbahn 7, Haltestelle Vogelstang (ca. 1,3 Kilometer Fußweg)

Park an der Hauswand

6 Hingucker auf den Planken: Vertikalgarten

Ein Garten in der Vertikalen? Geht das? Und vor allem: Wie? Wenn man achtsam durch die Stadt streift, findet man sie sogar häufig und dank der Bundesgartenschau 2023 jetzt noch viel häufiger als früher: Pflanzen, die die Wand hochranken. Fassaden in Dschungeloptik. Gärten im Hoch- statt im Querformat. Wie das aussehen kann, zeigen eindrucksvoll internationale Beispiele, zum Beispiel der Vertikalgarten der Universität des Klosters der Schwester Johanna in Mexiko-Stadt. Oder eben auch der Vertikalgarten in O7 mitten auf den Planken in Mannheim an einem Gebäude aus den 1950er-Jahren, das seit 2013 in wohltuendem Grün erstrahlt. Ein Hingucker, der den anderen Häusern die Show stiehlt.

Die Fassade fasziniert, auch weil sich hier der Wechsel der Jahreszeiten mitverfolgen lässt. Aber ebenso die Technik dahinter und die eigentliche Intention sind überzeugend: Begrünte Fassaden sehen zum einen gut aus und sie verbessern zum anderen auch das Klima sowie die Energiebilanz von Städten. Außerdem kühlen sie die Luft durch die Speicherung und Verdunstung von Wasser herrlich ab, wenn die Mannheimer Sommer mal wieder mediterran heiß sind. Zur vertikalen Begrünung eignen sich Kletterpflanzen wie üppig blühende Clematis-Varianten, immergrüne Geißblätter oder Sorten des Scharlachweins. In den Fugen leben Wespen, Bienen und Ameisen, Asseln und Spinnen, Schmetterlinge, Schnecken, Reptilien und Vögel. Für sie sind solche Gärten ein Zufluchtsort im Asphaltdschungel. Manchen von ihnen dienen die Mauern als Aufwärmstelle, Überwinterungsort, Versteck, Jagdgebiet oder Rendezvous-Platz. Der Garten an der Wand ist nicht nur ein Glücksort für Tiere und Stadtspaziergänger, sondern viel mehr: Früher hatten Pflanzen auf Dächern und an Mauern auch eine spirituelle Bedeutung, zum Beispiel sollten Dach- und Hauswurz Gott Donar besänftigen und vor Gewittern schützen.

Wieso nicht jeder so etwas erschafft? Das kann jeder, der das nötige Kleingeld bereitstellt, um Mannheim noch ein bisschen grüner zu machen.

- Vertikalgarten O7, 6, 68161 Mannheim
- ÖPNV: diverse Linien, Haltestelle Wasserturm (ca. 400 Meter Fußweg)

HOLLISTER GILLY HICKS

Abenteuer für die Ohren

7 Die Vogelorgel im Käfertaler Wald

Dank des Kleintierzucht- und Vogelzuchtvereins Mannheim-Gartenstadt Neueichwald 1948 haben die Mannheimer das große Glück, inmitten des Käfertaler Waldes alle heimischen und auch exotische Vögel aus der Nähe betrachten zu können. In der Anlage gibt es mehrere Klein- und drei Großvolieren, in denen Uhu und Zeisig sich gegenseitig Gute Nacht singen. Ob Kuckuck, Grünfink, Nachtigall oder Zaunkönig: Auf Knopfdruck ertönt der Gesang des jeweiligen gefiederten Freundes. Früher gab es auf diesem Gelände sogar einen richtigen Zoo mit Bären. Staunend drücken Kindergesichter ihre Nasen zwischen die Gitterstäbe vor einem der um die 100 Tiere. „Mamaaa! Was ist das denn für ein Vogel?", rufen sie verzückt. „Und wie macht der?" Schlaue Mütter und Väter geleiten ihre Sprösslinge dann am besten zur Vogelorgel, der tollen Erfindung, die all die Vogelstimmen imitiert. Hier können nicht nur die Kleinen raten, welche Geräusche von welchem Vogel stammen. Blauer Pfau oder Kolkrabe? Bei Führungen durchs Vogel- wie durchs Rotwild- und Damwildgehege lernt man wertzuschätzen, was die Natur jeden Tag für uns und unser Wohlbefinden bereithält, welche Wunder man in der Tierwelt erleben kann, wenn man mal die Augen weg von der Hektik des Alltags direkt in die fabelhafte, bunte Unglaublichkeit des Seins lenkt. Dazu zählen Schneeeulen, die sich mit ihrem atemberaubend weißen Gefieder von der sonst sehr grünen Kulisse des Käfertaler Waldes abheben, der Blaue Ohrfasan, der Mäusebussard und viele, viele Federfreunde mehr.

TIPP

Der Vogelpark freut sich über jede Spende für die Futterkasse.

Neugierige Waldbesucher können auch diverse Arten von Käuzen und Hühnervögeln, Bussarden, Falken, Raben- und Kleinvögeln in den Volieren bestaunen. Die Vielfalt unserer Vogelwelt ist grenzenlos, und ohne diesen Park würden viele sie wohl niemals so richtig kennenlernen. Wer weiß schon, wie ein „Lachender Hans" (Dacelo novaeguineae) aussieht? Das Beste an dieser faszinierenden Outdoor-Gefiederschau: Der Eintritt ist kostenfrei.

- Vogelorgel im Vogelpark des Käfertaler Waldes, Karlsternstraße 130, 68305 Mannheim
- ÖPNV: Bus 55, Haltestelle Eschenhof (ca. 900 Meter Fußweg)

Die Vogelorgel
Als Vogelgesang bezeichnet man die Kommunikation der Vögel, insbesondere der Singvögel untereinander. Meistens lässt sich nur schwer erraten welcher Vogel hinter welchem Gesang steckt.
Warum singen Vögel? Vögel singen unter anderem zum Anlocken von Partnern und zur Markierung ihres Revieres.
Weibchen erhalten dadurch Hinweise auf Leistungsfähigkeit und Gesundheitszustand eines Bewerbers.
Der Gesang vieler Singvögel ist strophenartig aufgebaut und häufig sehr variationsreich.
Auf dieser Vogelorgel werden einige heimische Arten in Bild und Ton vorgestellt – wer hat sie wohl schon einmal in der Natur singen gehört?
Mönchsgrasmücke
Schwarzspecht
Waldkauz
Stieglitz
Singdrossel
Bachstelze
Nachtigall
Zaunkönig
Haussperling
Mäusebussard
Goldammer
Turmfalke
Amsel
Buchfink
Rotkehlchen
Gartenrotschwanz
Kohlmeise
Grünfink
Girlitz
Kuckuck

Schwimmen in der Skyline

8

Abtauchen und Planschen im Vogelstangsee

Wenn die Hitze des Sommers von der Stadt Besitz ergreift, wird es Zeit für eine erfrischende Abkühlung. Außer am Stollenwörthweiher und am Rheinauer See kann man sich in Mannheim auch hervorragend im Vogelstangsee abkühlen – eigentlich sind es ja zwei Vogelstangseen. Wie man dort hinkommt? Immer den Hochhäusern nach, an der Skyline entlang. Und ja, die waren mal schön – also sagen wir mal, man hat das Design der umstehenden Hochhäuser als sehr praktisch empfunden.

Hier im Nordosten der Stadt, der nicht unbedingt als Luxusviertel bekannt ist, zeigt sich Mannheim mit der in den 1960er-Jahren entstandenen Trabantenstadt Vogelstang von seiner wildromantischen Seite. Hier treffen Gegensätze aufeinander. Menschen unterschiedlichster Art und Schicht lassen im Naherholungsgebiet die Seele bis zum Grund des Sees baumeln. Am Badestrand verteilen sich Sonnenhungrige auf Picknickdecken, auf den Rundwegen atmen sich Jogger den Schweiß von der Brust. Wie muss es sich wohl anfühlen, dort oben in den Hochhäusern morgens aufzustehen und beim ersten Kaffee zuzusehen, wie sich die Taucher fertigmachen, um in eine geheime Unterwasserwelt abzutauchen, in ein glitzerndes Universum aus Licht und Schatten? Morgens im Mai singen sogar Nachtigallen. Das Baden ist zwar im Oberen Vogelstangsee verboten (er ist auch nur 1,70 Meter tief), im unteren See kann man sich aber ganz legal in die Fluten stürzen.

TIPP

Am Wochenende den Modellsportbooten beim Cruisen zuschauen!

Der Sandstrand macht die Betonwüste vergessen. Die Ufer des Sees, der irgendwie wirkt wie ein See im New Yorker Central Park, bieten Plätze für Sonnenhungrige, die sich von der Kälte des Winters wärmen, aber auch genügend Schatten unter den Trauerweiden, um mit Seeblick vor sich hinzuträumen. Schwäne kreuzen mit ihren Jungen den Spazierweg. Direkt an das Gewässer grenzt der 2,3 Kilometer lange Baumlehrpfad. Mit Sand zwischen den Zehen kann man nach einem entspannten Badetag zum Abschluss noch eine Runde auf den Wiesen träumen.

- Vogelstangsee, 68309 Mannheim
- ÖPNV: Straßenbahn 5A, Bus 57, Haltestelle Wallstadt West (ca. 350 Meter Fußweg)

Ein Summen im Herzen

9

Honigbienen von Imker Rettenbacher in Seckenheim

An der Seckenheimer Umgehungsstraße, inmitten der weitläufigen Felder, hat es sich ein unvorstellbar großes kleines Volk gemütlich gemacht: die Bienen von Imker Herrn Rettenbacher. Sein Hobby ist schon seit 40 Jahren die Imkerei. Er kümmert sich liebevoll um Behausungen für die Staatenbildung der fleißigen Tiere, den Wabenbau und die Nachwuchsaufzucht. Wachs und Honig sind der Lohn für seine Pflege. Mit seinem leckeren, zweimal im Jahr geernteten Honig macht er die Menschen glücklich. Außerdem leistet er einen wichtigen Beitrag zum Erhalt der Natur, denn ohne diese fleißigen Helferlein würde unser Ökosystem nicht mehr funktionieren. Umso wichtiger ist es, dass es Herrn Rettenbacher und seine 135 Imkerkollegen des Bienenzüchtervereins Mannheim gibt, die einen Imker- und/oder Honiglehrgang absolviert haben, damit die geflügelten Wichtel sich fleißig um unsere grünen Glücksorte kümmern. Für den Imkernachwuchs wird gesorgt, indem der Verein jedes Jahr 14 Imkerlehrlinge ausbildet. Schon ab Mitte März trifft man Herrn Rettenbacher jedes Wochenende bei seinem Bienenstock, wo er viel Zeit investiert, um seine Bienen zu versorgen. Wenn es „honigt", das bedeutet, wenn zu unterschiedlichen Zeiten Faulbeere, Akazie, Raps oder Brombeere blühen, entdecken die Bienen das und melden die freudige Botschaft mit einem Tanz über dem Stock ihren Mitschwärmern. Sie weisen ihnen sogar die Richtung, in die die Früchte locken und wohin die anderen Bienen ihnen folgen sollen. So legen sie jeden Tag weite Strecken zurück, ihr Aktionsradius beträgt bis zu 3,5 Kilometer.

Für die Seckenheimer Bienen ist das Angebot groß. Wer hier einmal vorbeischauen möchte, sollte auf Deo und Parfüm sowie Alkohol verzichten, um nicht zum Bienenmagnet zu werden. Den Honig verkauft Herr Rettenbacher ganz einfach per Telefon. Die Nummer steht direkt am Glücksort auf einem Schild mit der Aufschrift: „Nächste Woche gibt es Honig!" Hoffentlich reicht er für alle „Grüne Glücksorte"-Lesenden …

- Bienenwiese, Neuostheimer Straße, Höhe Ausfahrt Kaiserstuhlring, 68239 Seckenheim
- ÖPNV: Bus 40, Haltestelle Pumpwerk (ca. 400 Meter Fußweg)

Am blauen Puls der Stadt

10 Industrieromantik auf der Friesenheimer Insel

Was im ersten Moment sehr idyllisch klingt, ist in Wahrheit einer dieser Mannheim-Orte, die auf ganz überraschende, besondere Weise Glück schenken. Auf der Friesenheimer Insel, die im Rahmen der Rheinbegradigung von Rheinkilometer 428 bis 431 geschaffen wurde, sind zum einen die großen Industriefirmen wie BASF und Fuchs Petrolub angesiedelt, im westlichen Teil ist sie aber zum anderen noch Landschaftsschutzgebiet. Mit dem Auto kommt man entweder über die Altrheinbrücke auf die Insel, im Osten über die Diffenébrücke oder im Süden über die Kammerschleusenbrücke. Ihre eher raue, industrielle Kulisse besteht aus mehreren Mannheimer Häfen. Aber auch diese blaue Seite ist ein grüner Glücksort. Warum?

Zunächst stehen hier zahlreiche Ladekräne, und man kann an den modernen Liegeplätzen angelegte Transportschiffe bewundern. Manche Plätze bieten Schiffen mit bis zu 135 Metern Länge eine Anlaufstelle bei Hochwasser, Havarien und für Wartezeiten vor dem Umschlag im Hafen. Aber auch weite Felder thronen königlich an der Max-Planck-Straße und trotzen der imposanten Industriekulisse gegenüber, als wollten sie sagen: „Schau, Abenteurer. Wir sind hier maßgeblich, unterstreichen die Umgebung mit Grün, obwohl wir so viel rauchende Konkurrenz auf der anderen Rheinseite haben." Die Luft ist oft geschwängert von Abgasen, aber die endlosen Felder und der Rhein filtern sie und nehmen ihnen den Schrecken. Die Dimensionen wecken Ehrfurcht und Erinnerung. Es ist, als gäben die Wiesen den Kesseln und Kränen Halt, Ausgleich, Balance. Abgesehen vom Lärm der Industriebetriebe ist es seltsam still hier. Nur die Hammerschläge auf Metall in einem der Werke sind über die Weite zu hören. Sie sind wie ein Puls des Lebens, wie der Herzschlag, der die Stadt vorantreibt, Tag und Nacht. Im freigepusteten Kopf entsteht ein kühles Gefühl angenehmer Leere. Gedanken, die einen blockiert haben, verschwinden in Faszination. Industrieromantik pur.

TIPP

Auf der Suche nach Ruhe und Ablenkung die Einsamkeit am Anleger genießen!

- Friesenheimer Insel, Zugang bei Shisha Bar Mekan, Max-Planck-Straße 51, 68169 Mannheim
- ÖPNV: Bus 58, Haltestelle BASF/Friesenheimer Insel (ca. 1,2 Kilometer Fußweg)

HGK

Grün für Dichter und Denker

11 Gemütlich sinnieren auf dem Philosophenplatz

Mitten in der Mannheimer Oststadt, am Ende der Nietzschestraße, taucht aus dem Nichts plötzlich ein Park auf, eine kleine lebendige Oase. Die hübschen, sorgsam drumherum aufgereihten Häuser des Vorzeigeviertels machen es einem leicht, sich in anregende Um-mich-herum-Geborgenheit aus Grün fallen zu lassen. Auch ohne den Namen des Parks zu kennen, bemerkt man intuitiv: Hier kann man sich ganz seinen Gedanken und eigenen Philosophien hingeben. Inspiration lauert unter jedem Kieselstein, hinter jeder Hecke.
Wenn man so im Quadrat herumgeht und auf dem Philosophenplatz philosophiert, stellt man sich vielleicht große Fragen wie: Warum sind wir eigentlich hier? Und warum gerade in Mannheim? Vermutlich muss man ein paar Runden gehen, um draufzukommen, hier, in einem der grünen Lungenflügel der Stadt, wo früher die private Oststadtklinik stand. Beim Blick auf den Continental Tower weiß man es sofort wieder: weil Mannheim Charme hat, kreative Energie und eine gute Portion Stolz. Hier entstehen große Ideen und große Taten.
Nimmt man am ringsherum führenden Weg auf einer der zahlreichen Bänke Platz, fallen Stress und Hektik wie Backsteine von den Schultern ins Gras. Die einnehmende Ruhe zwischen den Häusern balanciert einen automatisch aus. Kinder lachen laut auf dem Spielplatz, während sich Senioren auf den Bänken ausruhen. Das flackernde Licht der alten blauen Gaslaternen leuchtet Spaziergängern abends den Weg. Herzstück und Mittelpunkt des Parks bildet ein riesiger alter Baum, eine Kaukasische Flügelnuss. Ihre Dimensionen sind kaum zu fassen. Im Winter gibt sie aber großzügig den Blick auf den Fernsehturm frei. Ein ästhetischer Anblick, der ein bisschen stolz macht – auf diese Stadt und auf das, was Menschen hier erbaut haben. Man ist ganz nah an allem dran und doch gefühlt ganz weit draußen. Sein oder Nichtsein? Am besten im Sein die Sonne einatmen und den blauen Himmel genießen. Beseelt und mental gestärkt, nimmt man diese Eindrücke mit nach Hause.

● Philosophenplatz, 68165 Mannheim
● ÖPNV: Bus 63, 64, Haltestelle Kunstverein; Straßenbahn 6, 9, Bus 62, Haltestelle Luisenpark/Technoseum (ca. 650 Meter Fußweg)

Brennpunkt grüner Trendkiez

12 Flanierweg am Verbindungskanal Jungbusch

Es war einmal ein Hafenarbeiterviertel, eine Schmuddelmeile, dann ein sozialer Brennpunkt. Heute ist es ein offener, fröhlicher Multi-Kulti-Kiez, der um die legendäre Mannheimer Popakademie im Jungbusch entstanden ist. Was man hier am Verbindungskanal beim Entlangschlendern bestaunen kann, lässt sich als lässiges Lotterleben am Fluss oder herrlich unaufgeregten Erlebnisraum bezeichnen. Haufenweise Studierende haben sich mit den zahlreichen Migranten, aber auch Luxusloft-Bewohnern zusammengetan. Gemeinsam trinken sie ein Feierabendbier am Verbindungskanal oder flanieren auf den Geh- und Radwegen durch ihr Viertel. Die Atmosphäre ist besonders.

Im Frühjahr und Sommer spiegelt sich das Grün der Büsche im Neckar. Überall ist Musik. Das Leben scheint hier niemals stillzustehen. Stimmengewirr verhallt erst spät in der Nacht. An manchen Wochenenden verschmelzen die Beats und Bässe aus dem Hafen 49 mit dem Klackern der Hafenmühlen gegenüber zu einem Song. Auf dem Quartierplatz an der Teufelsbrücke spielen Bands die Begleitung zu romantischen Dates auf den Holzbänken mit Flussblick. Man kommt in Jogginghose und Hoodie, stilecht mit Bierflasche und Fahrrad. Ungeschminkte Mannheimer Echtheit. Mit einer frischen leckeren Pizza aus dem Pizza Papi oder einem Cocktail und Burger auf der einladenden Terrasse des St. James kann man stundenlang dem Leben folgen und sich mitten in das Flair dieser bunten Mischung fallen lassen. Da oben, auf der Dachterrasse des Luxuslofts, prostet einer jemandem über sieben Stockwerke herunter zu. Das muss ein Ausblick über die Hafenszenerie sein! Während man da so sitzt und die Passanten beobachtet, wird klar: Man ist mitten im Mekka der Mannheimer Kreativität. Ehemalige Industriegebäude und andere Zeitzeugen bieten seltene Freiräume für neue Ideen und Entwicklungen. Schön haben sie es hier, die aufstrebenden Künstler und zugezogenen Nachtschwärmer. Die Verbindung von Neckar, Kultur und Kreativität hat eine magische Anziehungskraft.

- Verbindungskanal Jungbusch, 68159 Mannheim
- C-Hub/St. James Bar, Hafenstraße 25, 68159 Mannheim
  www.stjames-mannheim.de
- ÖPNV: diverse Linien, Haltestelle Handelshafen; Straßenbahn 2, 3, Haltestelle Dalbergstraße (je ca. 500 Meter Fußweg)

Reise in die Vergangenheit

13 Den Kopf kühlen im Park am TECHNOSEUM

Gegenüber dem berühmten Luisenpark, hinter weitläufigen Parkplätzen, residiert ein imposantes, modernes, weiß leuchtendes Gebäude voll Wissen: Breite Stufen führen direkt zum Eingang des Mannheimer Technoseums. Neugierige erkennen es unter anderem an der alten Diesellok, die den Besuchern schon vor dem Eingang eine Zeitreise in die Vergangenheit verspricht. Sie hält ihr Versprechen: Innen befindet sich ein riesiger Abenteuerspielplatz für Jung und Alt, ein Tempel voller Geschichte und Entdeckertum rund um die Technik. Mit der alten Lok können Besucher sogar stündlich tuckern und selbst erleben, wie Zugfahren früher so war. Die Reiseroute führt durch eine weitläufige Parklandschaft, die eigentlich nur „Park beim Technoseum" heißt, aber, ehrlich gesagt, auch einen eigenen bedeutenden Namen verdient hätte. Vielleicht Gänseblümchenmeile. Oder Railway Central Park. Oder Big Endlosgrün.

Meterhohe Bäume spenden den großen und kleinen Entdeckern Schatten und Schutz. Ein See kühlt die Füße und Gehirne nach der spannenden Wissensaufnahme im Museum. Ein paar Enten lugen aus dem Schilf und schauen einen neugierig an, als würden sie fragen wollen, was es da drin so zu wissen gibt. Wer nicht die ratternde, schnaubende Diesellok nehmen möchte oder ohne Museumsinteresse hier vorbeikommt, will wahrscheinlich einfach nur stundenlang auf Gänseblümchenwiesen herumhängen und die Seele baumeln lassen. Oder selig die kleinen geschlungenen Wege entlangspazieren. Dabei geht man mitten über die Gleise. Zum Glück sind die niedlichen roten Warnschilder überall aufgestellt, und der Zug ist so laut, dass man ihn gar nicht überhören kann. Schmucke Holzbrücken führen den Zug über den Teich und die kleinen Bächlein. Fast fühlt man sich hier wie in einem kleinen Kurpark, der scheinbar gar kein Ende nimmt.

Bei schönem Wetter fällt die Entscheidung nicht leicht: TECHNOSEUM oder Park? Beides sind Highlights, jedes für sich auf seine eigene Art.

- Park beim TECHNOSEUM, Museumsstraße 1, 68165 Mannheim
- ÖPNV: Straßenbahn 6, 9, Bus 62, Haltestelle Luisenpark/Technoseum

Socken- und Schlüpperbaum

14 Co-Working und Drinnengrün im SNOCKS Coffee

Stylische Socken, Unterhosen und hochwertiger Kaffee unter einem Dach? Das SNOCKS Coffee verbindet seit 2021 sehr elegant zwei Probleme der Mannheimer: Wer macht Socken als Weihnachtsgeschenk für Papa und Unterhosen für meinen Schatz, und wo kann ich auch im Winter die Augen in Grünem ausruhen? Dazu wird hier eine duftende Tasse besten Kaffees serviert.

Außerdem lassen sich frische Paninis mit Avocadocreme und köstliche Brioches, Tapas und Chiapudding genießen. Die Gründer sind dieselben, die auch hinter der bekannten Mannheimer Vorzeige-Textilmarke SNOCKS stecken, Felix Bauer aus Haßloch und sein Cousin Johannes Kliesch aus Ladenburg. Zusammen mit dem Karlsruher Philipp Günther wurde für sie zwischen Wasserturm und Nationaltheater 2021 das lang ersehnte Glück eines eigenen Cafés wahr. Hier findet allerdings nicht das übliche Oststadt-Schaulaufen statt, sondern die Besucher erwartet eher eine ziemlich gemütliche Wohnzimmeratmosphäre. Ja, man könnte fast im eigenen Zuhause sein zwischen den aufgehängten Unterhosen und Socken der Eigenmarke, unter denen es sich übrigens hervorragend plaudern lässt.

TIPP

Unbedingt die süßen Pancakes mit Ahornsirup und Salzbutter probieren!

An einer Wand rankt sich üppiges, lebendiges Grün bis unter die Decke. Der kleine Indoor-Dschungel, der sich Wand und Decke geschnappt hat, macht das Café zu einem Kurzurlaubsort. Es wurde sogar vom Bundesverband GebäudeGrün e.V. zur Innenraumbegrünung des Jahres 2021 gewählt. Hier im Drinnen-Garten trinkt man gemütlich ein Gläschen Wein und trifft lang vermisste Freunde oder arbeitet gemeinsam mit anderen Gründern an neuen Geschäftsideen. Dazu setzt man sich nicht nur auf die vier, sondern auch unter die sechs Buchstaben an der Wand (SNOCKS). Arbeiten zwischen Hoodies und Blättern ist doch wesentlich angenehmer als in den meisten Büros. Impulse dafür, wie man seine eigenen Träume verwirklicht, findet man bestimmt in der Gründer- und Erfolgsstory (auch an der Wand). Life is beautiful in der Oststadt.

● SNOCKS Coffee, Lameystraße 15, 68165 Mannheim, Tel. (06 21) 43 73 87 25
www.snockscoffee.com

● ÖPNV: Straßenbahn 1, 2, 4, 4A, 5, 7, Haltestelle Nationaltheater
(ca. 500 Meter Fußweg)

SNOCKS
COFFEE

Die Burgmauern stürmen

15 Geschichtsträchtige Lauer'sche Gärten in M6

Die anmutige namenlose Flötenspielerin flankiert die Treppenstufen zu einer großen grünen Oase mitten in der City. Sie heißt die Pausenmacher und Stadtbummler willkommen in einer Welt, in die man sich komplett fallen lassen und eine Auszeit vom Trubel genießen kann: in den Lauergärten (Lauer'schen Gärten). Mauerreste der Bastion St. Andreas, die alten Stadtmauern, zeugen noch von den längst vergangenen Stadtgrenzen. Sie schmiegen sich harmonisch ein in eine Symphonie aus unzähligen Grüntönen und eine königliche Anlage des Abenteuers. Eine Kinderburg greift die Stadtmauer auf dem Spielplatz thematisch auf. Wie echte Ritter entern Kinder jubelnd die Spielburg.

Aber wie wurde die Burgmauer zu diesem entzückenden Kleinod aus Grün? Johann Ackermann erwarb einst diesen Teil des ehemaligen Festungsgeländes und schuf daraus eine wunderschöne Gartenanlage. Sein Neffe Friedrich Lauer erbte sie, und dann ging sie durch verschiedene Hände. Kinderlachen hat diesen Garten schon immer erfüllt: In den 60er- und 70er-Jahren fanden hier die Sommerspiele für Kinder statt. Noch heute befindet sich das Kurpfalzgymnasium mit seiner fröhlichen Geräuschkulisse nebenan. Der Park ist trotz seiner vielen Bäume hell und offen, aber so geschickt angeordnet, dass die Stadt ringsherum gefühlt in weite Ferne rückt. Er ist ein gern genutzter Rückzugsort, an dem man die Stadt noch hören kann. Gehupe und Stadtgeräusche mischen sich mit den Stimmen der Vögel zu einem einzigartigen Konzert. Aber das Grün umhüllt einen wie ein Samtmantel, unter dem man sich vor dem Alltag für ein paar Stunden verstecken kann. Ein Ort zum Abtauchen, weit weg von allem, was die Gedanken kreisen lässt.

Vielleicht fragt sich der eine oder die andere, wo all diese Menschen wohl hineilen. Auf jeden Fall werden sie automatisch ein bisschen langsamer. Kaum jemand kann hier durchgehen, ohne sich in den Moment fallen zu lassen und mal wieder kurz bei sich selbst einzuchecken. Beim Verlassen des Parks fühlt sich jeder ein bisschen ausgeglichener als zuvor.

- Lauergärten, M6/L8, 68161 Mannheim
- ÖPNV: diverse Linien, Haltestelle Hauptbahnhof, Kunsthalle oder Schloss (je ca. 500 Meter Fußweg)

Gemeinsame Grünstätte

16

Familiäres Gestalten im Brückl Neckarau

Mitmenschen helfen. Etwas erschaffen, das bleibt. Sinn stiften. All das macht Menschen glücklich. Diese Art von Glück dürfen die Macher vom Lebensnahen Lernen e.V. und vom Zwischenraum e.V. erfahren, nachdem sie den einst verwahrlosten, verlassenen Niederbrücklplatz in Neckarau zu dem gemacht haben, was er heute ist: „Das Brückl". Eine 1000 Quadratmeter große grüne Oase, ein Lern- und Spielraum mitten in der Natur. Der Verein hat mit Unterstützung zahlreicher Helferinnen und Helfer den Platz mit viel Liebe und Engagement neu erfunden und zu einem grünen Treffpunkt werden lassen. Die Gestaltung haben hauptsächlich Kinder und Jugendliche übernommen, die im klassischen Sinne als „nicht beschulbar" gelten oder sich in einer persönlichen Lebenskrise befinden. Heute kann sich hier jedes Kind austoben, ob bei sozialpädagogisch begleiteten Angeboten zu Handwerken, im künstlerischen Bereich oder im Feriencamp. Das gilt generell für alle, die ihre Umgebung mitgestalten möchten. Familien genießen es, beisammen zu sein und gemeinsam mit anderen schöne Momente zu verbringen. Es kommen aber auch Senioren hierher, die neue Impulse und Begegnungen suchen und sich einfach als Teil der Gesellschaft erleben möchten. Und alle, die mitten im Leben zusammen herumtoben möchten. Der Platz ist voll von selbst gebauten und originellen Spielmöglichkeiten, Hochbeeten, alten Schränken für Foodsharing und vielen Gerätschaften. Ob Wasserlöcher oder Gemüsebeete – sie lassen sich mit allen Sinnen erfahren und begreifen, anfassen und spüren. Schulklassen und Kindergartengruppen entdecken die Lebensfreude im Herzen des Seins, in der Mutter Natur. Ab heute heißt es nicht mehr „Blaumachen", sondern „Grünmachen"! Neu: Einmal im Monat, am Blauen Montag, ist der Platz für alle Interessierten geöffnet. Kaffee, Saft und Kuchen sowie ein Lagerfeuer locken von 16 bis 18 Uhr zahlreiche Besucher an.

TIPP

Das Projekt sucht stets engagierte Helfer, die am Glück des Gebens und Gestaltens teilhaben möchten.

● Das Brückl (Nachbarschaftsprojekt), Neckarauer Waldweg 31, 68199 Mannheim
www.zwischenraum-mannheim.de

● ÖPNV: Straßenbahn 3, Haltestelle Tannhäuserring (ca. 650 Meter Fußweg)

EIN PLATZ FÜR ALLE
DAS BRÜCKL
ZWISCHENRAUM
Hunde bitte draußen lassen

Grünes Geschenk

17 Mittagspause in Grün: Carl-Reiß-Platz

Wohin bloß mit all der Hektik, die einen in der Beton- und Glaswelt der Bürohochhäuser entlang der schicken Augustaanlage durch den Tag trägt? Wie kann man hier in der Mittagspause am besten ein bisschen abschalten? Mitten zwischen den unzähligen Wohnblöcken und Hochhäusern der Oststadt gibt es dafür zum Glück ausreichend Gelegenheit: den Carl-Reiß-Platz. Hier können gestresste Städter ihre Business-Beine in der Sonne baumeln lassen, bis der Chef sie wieder reinruft. Der prominente Namensgeber dieses Fleckchens Freiluftliebe war Carl-Reiß, der neben seinem politischen Engagement Gründer und Mitinitiator mehrerer Finanzinstitutionen und Versicherungen in Mannheim war. Zu seinem Besitz gehörte auch die Fasaneninsel (heutige Reißinsel). Das gesamte Vermögen von ihm und seiner Schwester Anna Reiß ging nach ihrem Tod auf die Stadt Mannheim über. Dank des Wohlstands, die diese Familie in die Stadt gebracht hat, trifft man hier überall auf diesen Namen, zum Beispiel auch im Reiß-Museum. Der Platz ist eine gelungene Mischung aus Streetsportpause, Basketballplatz, Outdoor-Tischtennisspaß und lebendigem CO_2-Filter. Unter blühenden Kirschbäumen und Kastanien gibt es viel Raum für ein gemütliches Draußendinner, grüne Mittagspausen und zum Auspowern fröhlicher Kinder. Gänseblümchenpflücken kann auch für Erwachsene so entspannend sein. Auf den Bänken ringsum treffen sich jung gebliebene, unternehmungslustige Senioren der Oststadt mit Müttern am Limit. Hier können sie gemütlich ausspannen, plaudern und lachen. Ringsum reiht sich Balkon an Balkon. Manche könnten von dort aus direkt hier herunter ins grüne Wohnzimmer hüpfen.

Wenn im Herbst die Kastanienbäume ihre Blätter abgeworfen haben, weckt das die Lust auf einen unglaublichen Spaß aus Kindertagen: Warum eigentlich nicht mal wieder unbefangen wirbelnd eine orangebraune, raschelnde Laubschlacht mit Freunden anzetteln?

- Carl-Reiß-Platz, 68165 Mannheim
- ÖPNV: Bus 63, 64, Haltestelle Kunstverein; Straßenbahn 6, 6A, 9, Haltestelle Planetarium (ca. 450 Meter Fußweg)

Im Tosen treiben lassen

18 Riedspitze Mannheim-Sandhofen

Dieser grüne Glücksort hat genau für zwei bis drei Menschen Platz. Unter der Brücke in Sandhofen, dort wo der Altrhein sich im Bonadieshafen ausstreckt, am Ende der Riedspitze, warten zwei Bänke auf Besuch. Im Rücken oft Chaos und Gerümpel, aber die Sicht gen Fluss ist paradiesisch! Wenn man sich vorne an der Brücke ans Wasser setzt, dann erkennt man schnell, welches Juwel dieser Ort ist. Der Blick gleitet umher, und schon bald findet er Halt am gegenüberliegenden Ufer: den Stränden am Fuße des Müllbergs. Hier kann man im Sommer so manchen Stadtbewohner dabei beobachten, wie er seine Abenteuerlust beim Baden im Rhein stillt. Auf der anderen Seite passieren Schiffe in Richtung Kammerschleuse. Hier unter der Brücke hört man es: Der Verkehr braust stetig vorbei, eilig, rastlos. Und dennoch ist es auf eine besondere Art ruhig. Wie viele Treppenstufen das wohl sind, die hinunterführen ans Wasser?

Im Wassersportverein Mannheim-Sandhofen können die Paddelbegeisterten der Stadt sich bei Kanurennen messen. Auf dem Vereinsgelände befindet sich das Landesleistungszentrum. Der Verein setzt hauptamtliche Trainerinnen und Trainer ein und hatte schon mehrfach Mitglieder der deutschen Kanurennsport-Nationalmannschaft in seinen Reihen. Aber die Landschaft hier am Fluss fühlt sich weit weg von Leistung an. Dies ist ein Ort der Einkehr, des inneren Friedens. Die Bänke laden Spaziergänger ein, sich zwischen lila blühenden Disteln der einzigartigen, skurrilen Faszination dieses Ortes hinzugeben und einfach mal anzuhalten.

Während oben der Verkehr tost und der sportliche Wettkampf tobt, kann man inmitten roter Mohnblumen und Gräser sitzen und die Abgeschiedenheit am Fluss genießen. Wo wollen die in den Autos oben alle hin? Hier unten ist doch alles, was man zum Glücklichsein braucht. Vor der Kulisse der Hafenkräne kann man eine Insel in der Mitte der Ströme sehen, die absolut abgeschieden und unberührt ist. Wer dort wohl wohnt? Und ob sie gerade auch so glücklich sind?

- Wassersportverein Mannheim-Sandhofen e.V., Riedspitze 3, 68307 Mannheim
- ÖPNV: Straßenbahn 3, Bus 3, Haltestelle Bürstadter Straße (ca. 250 Meter Fußweg)

Mittelalterliche Romantik

19 Die Neckarwiese Ladenburg

Ja, Ladenburg ist Ladenburg und nicht Mannheim. Aber schließlich sagt ja auch niemand, das Automobil sei in Ladenburg erfunden worden. Ist doch irgendwie alles eins. Man muss nur dem Blauen Band Richtung Heidelberg folgen, immer am Ufer entlang, dann steht man schon bald auf einem der hübschesten grünen Flecken der Region: der Ladenburger Neckarwiese. Hier ist massig Platz für starbesetzte Konzerte, Open-Air-Festivals und Drachenbootrennen, für Herumtreiber und Genießer, Sonnenanbeter, Nilgänse und Wasserratten. Wintermüde Lichtjäger aalen sich hier im friedlichen Miteinander und genießen die Draußenbehaglichkeit. Kinder planschen vergnügt am flachen, von Weiden gesäumten Sandstrand oder beobachten neugierig die Enten. Die Eltern veranstalten in der Zwischenzeit Klappstuhl-Kaffeekränzchen.

Die kleine Aussichtsplattform am Ufer ist wie der Beginn einer Brücke gestaltet und eröffnet einen atemberaubenden Blick über den Neckar und die Neckarbrücke, auf der die Züge vorbeirauschen. Dies ist der perfekte Ort für Muße, die eigenen Träume der kleinen historischen Neckarhausener Neckarfähre mitzugeben und dem Fährmann verschwörerisch zuzublinzeln. Wer hierbleiben möchte, kann aber auch einfach am Ufer weitergehen, zurück Richtung Mannheim, vorbei an einem unübersehbaren Wahrzeichen der Stadt, dem bewohnten Wasserturm. Überall gibt es Foto-Hotspots mit Ausblicken, die ihresgleichen suchen. Jeder Winkel des malerischen Drumherums ist anders schön. Ständig entdeckt man neue Perspektiven.

Ladenburg ist eine kleine mittelalterliche Schatztruhe. Ein Abstecher vom Flussufer in die schnuckeligen Gassen hinter der alten Stadtmauer lohnt sich. Wenn man von hier aus schaut, wie die Sonne im Neckar versinkt, vergisst man alles, was man vergessen will. Zur Not helfen auch ein selbst gegrilltes Steak und ein Kaltgetränk nach. Kann man diese ergreifende Romantik eigentlich konservieren? Leider nicht. Sie muss erlebt werden – am besten immer wieder neu.

- Neckarwiese Ladenburg, Neckarstraße 16, 68526 Ladenburg
- ÖPNV: diverse Linien, Haltestelle Ladenburg (ca. 1 Kilometer Fußweg)

Vor dem Alltag verstecken

20 Altes Grün im neuen Kleid: Stempelpark Käfertal

Die grüne Mitte Käfertals hat 2022 ein komplett neues Gesicht bekommen. Der Stempelpark, der schon seit den 1960er-Jahren als öffentlicher Park zum Entspannen und Vergnügen einlädt, wurde erweitert und aufgehübscht. Die schönen alten Bäume sind dabei glücklicherweise erhalten geblieben. Seinen Namen erhielt der Park vom Ökonomen Ludwig Stempel, dem das Gelände Ende des 19. Jahrhunderts gehörte und der darauf Kartoffeln anbaute. Seit 1920 ist es jetzt aber schon im Besitz der Stadt Mannheim.

Heute beherbergt der große herzliche Grünraum Kinder, Alte, und Spaziergänger zu jeder Jahreszeit auf seine eigene Art und Weise. Hier kann man perfekt seine Gedanken grün färben und unbeschwert wieder Kind sein. Auch dank der komplett neu gestalteten Spielplätze. In dieser Oase wird Erholung groß- und grün geschrieben. Weite Wiesen wirken spielerisch aufgeräumt. Kunstvolle Statuen wechseln sich mit erhabenen alten Bäumen und Felsen zum heimlichen Verbergen beim Versteckspiel ab. 10 – 9 – 8 – 7 – 6 … Wo ist Papa nur hin? Auf jeden Fall weit weg von den Herausforderungen seines Alltags. Hier im Grün sind sie verschwunden.

Der Stempelpark glänzt vor allem mit dem Ideenreichtum seiner Planer: Die neue Calisthenics-Anlage lockt Freizeitsportler an, das gegenüberliegende Kulturhaus und sein festlicher Vorplatz mit Bühne hat die gleiche Wirkung auf die Freunde kultureller Veranstaltungen wie zum Beispiel Konzerte. Die Wege strotzen nur so vor einladender Herzlichkeit. Ein Sinnesgarten und ein großes Schachbrettfeld bringen Achtsamkeit ins Spiel. Oft genießen diese vor allem die Bewohner des angrenzenden Seniorenheims, wenn sie nicht gerade auf den neuen Bänken in der Sonne dösen. Lässt man sich auf den weitläufigen Wiesen nieder und schaut durch die Baumkronen gen Himmel, dann kann man den Wolken Gedanken mit auf die Reise geben. Vielleicht kommen sie ja irgendwo bei jemand anderem an, wie eine Flaschenpost on air.

- Stempelpark Käfertal, Mannheimer Straße 34, 68309 Mannheim
- ÖPNV: Bus 45, Haltestelle Käfertal Kulturhaus

Barbecue with a view

21 Neckarwiese Mannheim an der Kurpfalzbrücke

Wohin geht man im Sommer zum kostenlosen Abhängen im Freien? Natürlich auf die berühmte Neckarwiese. Wenn dem Winter so langsam die Puste ausgeht, blinzeln einzelne Krokusse vorsichtig aus dem Gras. Die Treppenstufen unterhalb der Heinrich-Lanz-Schule werden mit zunehmenden Temperaturen zur Open-Air-Location, manchmal spielt jemand Gitarre und singt, um Menschen ein Lächeln ins Gesicht zu zaubern. Das Motto: Raus aus dem bunten Treiben von Neckarstadt und Innenstadt und rein ins ungebremste Open-Air-Vergnügen. Direkt unter der Kurpfalzbrücke beginnt das Draußenleben.

Jugendliche erobern den neuen Basketballplatz an der Friedrich-Ebert-Brücke und dunken Körbe zu lauter Rapmusik. Unter der Jungbuschbrücke ist ein Skater-Treff. Manchmal gibt es im Sommer zwischen den Brückenpfeilern auch coole Veranstaltungen und eine mobile Bar. Es duftet nach internationalem Grillgut. Bei schönem Wetter sind alle hier. Kollektives Durchatmen. Gemeinsames Draußengenießen. Die ganze Wiese ist eine einzige Party ohne Altersbeschränkung. Im Sonnenuntergang toben Kinder und turteln Verliebte. Freunde treffen sich zum Beachtennis, Volleyball oder Fußball. Oder einfach nur zum Chillen und um abends die magischen Lichter der Stadt zu genießen. Dabei kann man Schiffe vorbeiziehen sehen und den Partygästen in der Strandbar gegenüber zuwinken. Die Möwen besetzen den Hafenkran auf der anderen Neckarseite und kreisen lautstark um das alte Museumsschiff, das hier jetzt dauerhaft vor Anker liegt.

TIPP

Lohnenswert ist auch ein Abstecher auf den neu gestalteten alten Messplatz.

An lauen Sommerabenden ist die Neckarwiese ein Schmelztiegel der Kulturen und der Inbegriff von Freiheit. Die Lungen atmen hier nach wie vor Stadtluft, gemischt mit ein bisschen „Eau de Schokoladenfabrik“, das von nebenan herüberweht. Die endlosen Pfade entlang der Neckarwiese sind ein Mekka für Spaziergänger, Jogger oder Walker dank traumhaftem Blick auf die Mannheimer Innenstadt. Wenn die Sonne hinter der Jungbuschbrücke versinkt, lieben wir unsere Stadt glücksbetrunken noch mehr als sonst.

- Neckarwiese Mannheim, zwischen Kurpfalzbrücke und Friedrich-Ebert-Brücke, 68167 Mannheim
- ÖPNV: diverse Linien, Haltestelle Alte Feuerwache (ca. 300 Meter Fußweg)

Sanfte grüne Riesen

22 Die Kastanienalleen im Herzogenriedpark

Schon 1934 wurde der „unscheinbare kleine Bruder" des Luisenparks eröffnet. Mit einer Fläche von 22 Hektar ist er allerdings nicht wirklich klein. Gewidmet war er schon immer der Erholung und dem Müßiggang gestresster Stadtbewohner. In ihm wissen sie einen sicheren Rückzugsort in Grün. Während der Bundesgartenschau 1975 konnte man hier sogar fliegen – mit der Schwebebahn Aerobus in Luftlinie direkt zum Luisenpark.

Der Herzogenriedpark punktet mit einem Rosarium aus 100.000 Rosen, einem Kneippbecken, einem See und einem 1500 Quadratmeter großen Tiergehege. Hier leben und lieben Heidschnucken, Hochlandrinder und Zackelschafe, braune Bergschafe, Esel und Wollschweine, Cröllwitzer Puten und Lachshühner. Große und kleine Besucher sind fasziniert von Spielplätzen, einer Minigolfanlage und nicht zuletzt der architektonisch spektakulären Multihalle, die unter Denkmalschutz steht und gerade aufwendig saniert wird. Besonders beliebt ist der Park auch bei Anhängern des Freiluftsports. Mit mehreren neuen Boulebahnen, Basketballfeldern, Tennisplätzen, einem Fußballrasen und einer Aschenbahn ist er eine Anlage, die in der Region ihresgleichen sucht.

Stattliche Kastanienbäume flankieren die beiden wohl schönsten Alleen im Herzogenriedpark – manche von ihnen bis zu 30 Meter hoch und 300 Jahre alt. Drei Reihen weiß blühende Aesculus hippocastanum (so ihr biologischer Name) bauen im Sommer ein Dach in schwindelerregender Höhe und spenden Schatten. Im Herbst leuchten sie orangebraun und ragen selbst im Winter faszinierend majestätisch in den Himmel. Der Blick von einem Ende zum anderen ist ein mitreißend schöner, einzigartiger Farbenrausch. Auf der einen Allee flaniert man schon von Weitem dem Glucksen des Wasserfallbrunnens entgegen. Nicht selten springt ein Eichhörnchen über den Weg. Die Kastanienalleen sind ein unverzichtbarer Glücksort für Romantiker. Das Tempo passt man automatisch an, weil die Kastanienbäume den Blick gefangen nehmen.

- Herzogenriedpark, Eingang GBG Halle am Herzogenriedpark, August-Kuhn-Straße 35, 68167 Mannheim
- ÖPNV: Bus 61, Haltestelle Ida-Scipio-Heim; Straßenbahn 4, 4A, 5, 5A, Bus 61, Haltestelle Bonifatiuskirche (ca. 900 Meter Fußweg)

Grüner Salon der Innenstadt

23 Outdoor-Wohnzimmer im Quadrat: Lameygarten R7

Was ist denn das grüne Quadrat unweit des imposanten Shoppingcenters Q6 Q7? Ein grünes Wohnzimmer? Von der Größe her könnte das fast hinkommen. Wer den Lameygarten mitten in der Innenstadt betritt, löst ganz spontan eine Eintrittskarte in eine andere, grüne Welt. Es ist eine sehr kleine, aber dennoch wunderschöne Parkanlage. Überall laden Bänke zur Rast in der Stadthektik ein, wie in einem gemütlichen kleinen Salon. Der Garten erscheint aus der Ferne, als hätte man einfach ein Quadrat aus Häuserblocks vergessen und dem Grün die Regie überlassen, auf einer tiefergelegten Ebene. Von außen ist er zwar einsehbar, ist man jedoch erst einmal drinnen, vergisst man die betonlastige Welt um sich herum völlig. Sie verschwindet hinter Hecken und Sträuchern, man kann sie einfach ausblenden und zur Ruhe finden.
Hier, im Innenbereich des länglichen Straßenblocks R7, stand einst die prächtige Villa des Juristen und Politikers August Lamey (1816–1896). Eigentlich war sie ja das Elternhaus seiner Frau. Er war badischer Innenminister, galt als liberal und reformierfreudig und gehört zu den maßgeblichen Politikern der „neuen Ära“ seit 1860. Sogar die Ehrenbürgerwürde hat die Stadt ihm verliehen. Der Lameygarten war Privatgelände, das zum Wohnhaus von August Lamey in R 7, 46 gehörte. Heute ist er eine wichtige grüne Insel in der Innenstadt, bietet Atempausen im Trubel, schenkt Momente des Innehaltens im Gehetztsein. Hier treffen sich die Mannheimer zum Plaudern, Spielen und Relaxen. Die nächste Generation Fußballer trainiert schon fleißig für den großen Durchbruch. Und der alte Bismarck wacht auf einem Sockel, streng dreinblickend, über die Einhaltung der Parkregeln.
Nach dem Einkauf in der Stadt kann man sich auf einer der Bänke zwischen Sträuchern, Blumen, Stauden und Gräsern ausruhen und das Herz im Schatten einfach mal baumeln lassen. Hier kommt niemand an der magischen Wirkung der Natur vorbei! Das Shoppen macht hinterher wieder doppelt so viel Spaß!

- Lameygarten, R7, 68161 Mannheim
- ÖPNV: Straßenbahn 2, 3, 5, 5A, 6, 6A, Haltestelle Rosengarten; diverse Linien, Haltestelle Strohmarkt oder Wasserturm (je ca. 350 Meter Fußweg)

Refugium mit Grillgeschmack

24 Papageienparadies Kleingärten Sellweiden

Wohin nur, wenn alles geschlossen ist? Mannheims Hobby-Kleingärtner hätten da schon eine Idee! Sie entschwinden aus dem Alltag am liebsten in ihr eigenes Stückchen Grün. Sorgsam reiht sich hier, im Kleingartenverein Sellweiden, ein liebevoll gestalteter Garten an den nächsten. Jeder hat sich seine persönliche Oase gestaltet, einen Rückzugsort, ein eigenes kleines Heim im Paradies.

Wenn man ehrfürchtig als staunender Gast durch die kleinen Wege zwischen den Parzellen schlendert, kommt man aus dem Stauen nicht mehr heraus. Vorbei an schmiedeeisernen Toren mit kunstvoller Schnörkelverzierung, detailverliebt arrangierten Beeten und Brunnen, Hüttchen mit Fensterläden und Vorhängen und sogar Vogelhäuschen mit Gardinen fühlt man sich wie in einem Dorf aus alten Zeiten. Und das mitten in der Stadt. Familien frönen hier dem süßen Nichtstun in urlaubsfernen Tagen, Garten reiht sich an Garten, wie sorgsam aufgerollte Teppiche, die niedliche Patchworkmuster ergeben. Wir sind im Kleingarten Dauerverein Sellweiden, der sich mit dem „Verein der Gartenfreunde Mannheim Käfertal" in der weitläufigen Feudenheimer Au befindet, die sich zum Teil in die Bundesgartenschau 2023 eingliedert.

TIPP

Bei Regenwetter im Herbst ist keiner da, und eine wohlige Herbststimmung macht sich breit.

Kleingartenanlagen wie diese sind nicht nur hübsch anzusehen, sondern auch ökologisch und sozial ein großer Gewinn. Sie gehen beispielhaft voran in Sachen klimafreundliche Ernährung und Erhaltung der Artenvielfalt. Viele Tier- und Pflanzenarten finden hier ein neues Zuhause. Quietschgrüne Papageien lachen laut auf, wenn man sie im Vogelhäuschen beim Futterraub erwischt. Sobald der Gartennachbar über den Zaun singt, um sich selbst zum Grillen einzuladen, weiß man: Die Kleingartenanlage ist ein echtes Draußenzuhause. Hier gehört man zusammen, ohne verwandt zu sein. Ob das spießig ist? Nein, eher gemütlich. Vertraut. Bequem. Hier ist man unter sich. Der Dresscode? Wohlfühlen. Ein Erlebnisparadies. Ein Grill-Mekka. Ein Rückzugsort für Betonwüstenbewohner. Ein Trainingscamp für Grüne Daumen. Durchgang gestattet.

- Kleingartenverein Sellweiden, Feudenheimer Straße, 68167 Mannheim
- ÖPNV: Straßenbahn 2, 7, Haltestelle Pfeifferswörth (ca. 250 Meter Fußweg)

Grün-weiße Bauklötze

25 Bullerbü 2.0 im Hanns-Glückstein-Park

Das ist neu. Das blitzt und blinkt. Das ist anders. Das sieht so geputzt und poliert aus, man kann sein Lachen in den großen Glasfenstern der Neubauten spiegeln, sodass es sich verdoppelt. Clean chic. Im Lindenhof, direkt hinter dem Hauptbahnhof, hat Mannheim ein neues Vorzeigeprojektviertel bekommen. Im Nullkommanichts haben sich im Glückstein-Quartier zahlreiche Tech-Start-ups, Wohnungsbesitzer, Mieter, Restaurants und Bars angesiedelt. Ein neuer Stadtteil ist hier in atemberaubender Geschwindigkeit gewachsen und strahlt in Grün. Beim Vorbeifahren auf der Glückssteinallee staunt man regelmäßig Bauklötze. Und mit Bauklötzen hat das Viertel auch viel gemeinsam. Weiße Bauklötze, sorgsam und sauber aufeinandergestapelt, in allen erdenklichen Formen. Geometrisch schlüssig ineinandergepuzzelt, passt hier ein Haus ins andere, fast wie aus einer „Schöner Wohnen"-Zeitschrift herauskopiert. 20.000 Quadratmeter Grünfläche laden zum Verweilen ein.

Neubauidylle wurde gepaart mit Pioniergeist. Wie ein unerwarteter Regenguss im Hochsommer taucht mitten in der Bauklotz-Idylle plötzlich dieser dreieckige Park auf. Der Plan der Architekten war, dass sich der Park nahtlos in das terrassenartige Konzept eingliedert. Absolut gelungen. Er liegt da, leise und unaufdringlich, aber durchaus präsent. In Wahrheit ist er sogar das Herzstück dieses Immobilienviertels. Sorgsam verwandeln sich die Wohnhäuser weiter unten in erhöhte Rasenflächen und ausgedehnte Wege. Der historische Lokschuppen zieht im Grün alle Blicke auf sich. Es gibt in diesem Park ganz besondere Perspektiven – wenn man genau hinsieht, sind die Fluchten alle auf dieses historische Denkmal ausgerichtet. Grüne Räume, die zu den Wohnungen gehören, begegnen in einer gemütlichen Sitzmauer dem wunderschönen Park. Auf breiten Stufen sammeln sich sonnenhungrige Erholungsbedürftige. Vergnügt toben Kinder auf dem großen Hügel und im Schatten der insgesamt 76 Bäume – davon 31 frisch eingepflanzt. Könnte das Bullerbü 2.0 sein?

● Hanns-Glückstein-Park, Ecke Windeckstraße/Lindenhofstraße, 68163 Mannheim
● ÖPNV: Straßenbahn 3, Haltestelle Windeckstraße; Bus 65, Haltestelle Glücksteinallee (ca. 250 Meter Fußweg)

Die Stadt als Leinwand

26 Grüner Zeitensprung: Stadt.Wand.Kunst.

Waren es bei der ersten Veröffentlichung von „Glücksorte in Mannheim“ 2019 noch ca. 20 Murals, die die Open Urban Art Gallery ergaben, so sind es mittlerweile schon mehr als doppelt so viele – und es werden immer mehr! Auf der sicheren Seite ist man, hier keine aktuellen Zahlen zu nennen. Stadt.Wand.Kunst ist ein Projekt der Alten Feuerwache Mannheim, der GBG Mannheimer Wohnungsbaugesellschaft und Montana-Cans in Zusammenarbeit mit dem Kulturamt der Stadt Mannheim. Regelmäßig laden sie verschiedene Künstler aus aller Welt ein, um die weniger attraktiven Hausfassaden der Stadt durch ihre Hände und mithilfe unzähliger Spraydosen zu verschönern und so das Leben der Mannheimer ein bisschen bunter zu machen. Die Kunstwerke von Stadt.Wand.Kunst schaffen es in Mannheim auf einzigartige Weise, graue Flecken zu Orten der Inspiration und Hoffnung zu machen.

Auf diese Weise aufgewertet wurde auch unser grüner Glücksort in der Neckarstadt West, in der Itzsteinstraße 1–3. Der ukrainische Künstler WAONE vom Künstlerduo INTERESNI KAZKI hat im Juli 2018 sein Mural mit dem Titel „Jump through time“ hier verewigt. Surreal wirkende Figuren interagieren mit dem Grün und einer angedeuteten analogen Uhr. Der Erdball brennt. Dieses Kunstwerk bietet den Bäumen eine Leinwand, eine Gelegenheit zu scheinen. Sie werden Teil des künstlerischen Geschehens, ein aktiver kreativer Bestandteil.

Ursprünglich hatte der Künstler für das Motiv einen anderen Hintergrund vorgesehen, entschied sich aber dann vor Ort spontan dafür, die Bäume der Umgebung mit ins Bild zu holen. Grün spielt darin eine tragende Rolle. Das macht das ungewöhnliche Bild auch zu einem grünen Glücksort. Was das Bild uns sagen möchte? Der Künstler wollte dazu nie allzu viel sagen. Er möchte, dass der Betrachter diese detailreiche, surreale Bilderwelt selbst interpretiert und seine eigenen Erfahrungen, Erinnerung und Visionen einbringt. So kann sich praktisch jeder sein ganz eigenes Kunstwerk erschaffen. Jeden Tag aufs Neue.

TIPP

Die Stadt bietet regelmäßig Führungen durch die Open Urban Art Gallery an. Sehenswert!

- Stadt.Wand.Kunst, Mural „Jump through time“, Itzsteinstraße 1–3, 68169 Mannheim, www.stadt-wand-kunst.de
- ÖPNV: Bus 53, Haltestelle Marchivum; Straßenbahn 1, 3, Haltestelle Neuer Messplatz (ca. 900 Meter Fußweg)

12
11
1
10
2
9
3
4
5
7
6

Vierspuriger roter Teppich

27 Der Eingangsbereich zur Stadt: Augustaanlage

Wer schon einmal von der Autobahn in die Stadt Mannheim hineingefahren ist, hat die Route direkt über den roten (oder grünen) Teppich genommen – die Augustaanlage. Die 1,15 Kilometer lange, vierspurig ausgebaute Allee ist die Hauptverkehrsader ins Stadtzentrum. Täglich bestaunen 40.000 Autofahrer eine der schönsten Stadteinfahrten Deutschlands. Die Anlage beginnt am Europaplatz beim Planetarium und findet ihren fulminanten Höhepunkt am prunkvollen Friedrichsplatz mit dem Mannheimer Wasserturm. An der Augustaanlage hat sich die Stadt in ihr elegantestes Kleid geworfen, und das schon 1907 zum 300. Jubiläum Mannheims. Sie ist wie ein glamouröser roter Teppich, gewebt aus Gebäuden, Gras, Licht und Kunst.

Ihre beeindruckenden Ausmaße bieten viel Platz für bedeutende Unternehmen, First-Class-Hotels, Banken, Versicherungen und Restaurants. Pompöse Fassaden, wie die der Landesbank Baden-Württemberg, heißen die Besucher stillvoll willkommen. Ihren Namen hat die Anlage von der deutschen Kaiserin und Königin von Preußen, Augusta von Sachsen-Weimar-Eisenach. Seit 2011 kann man über den roten Teppich auch zu Fuß spazieren. Ein von 228 Platanen gesäumter Weg aus Kies und hellem Pflaster entführt den Flanierenden aus dem tosenden Verkehr, der auf wundersame Art völlig in den Hintergrund tritt. Hier tauchen die Sinne in eine andere Welt. Zeitgenössische Plastiken des Mannheimer Kunstvereins ziehen die Blicke auf sich. Den Weg in dieses Open-Air-Museum weist am Planetarium „Die große Mannheimerin", eine 13 Meter hohe Stahlplastik des Bildhauers Franz Bernhard. Zwischendurch kann man durch die Seitenstraßen sogar einen Blick auf den Fernsehturm erhaschen.

Die grüne Kunstmeile hat noch eine andere Funktion: Ihre Bepflanzung leistet einen wichtigen Beitrag zur Klimaverbesserung. Und ist ein Paradebeispiel für die Heimatverbundenheit und den Gestaltungswillen der Mannheimer, die 2015 insgesamt 650.000 Euro für die Neugestaltung spendeten. Das muss Mannheim-Liebe sein.

● Augustaanlage, zwischen Friedrichsplatz und Europaplatz, 68165 Mannheim ● ÖPNV: Bus 60, 63, 64, Haltestelle Otto-Beck-Straße; diverse Linien, Haltestelle Wasserturm (ca. 450 Meter Fußweg)

Mit den Nachbarn gießen

28 Pfalzplatz und Gemeinschaftsgarten Lindenhof

Gegenüber dem Diakonissenkrankenhaus auf dem Lindenhof verbirgt sich hinter hohen Büschen, Blaseneschen und Trompetenbäumen ein riesiger Spielplatz für alle. Umringt von Wohnblocks, in denen wohl Hunderte Menschen leben, tut sich eine Oase der Freiheit auf. Ein Teil der Fläche ist betoniert – hier tummeln sich Fußballer und Skater aller Altersstufen und schwelgen im Glück, den eigenen Körper in Bewegung zu spüren. Auf der Calisthenics-Anlage kann man kostenlos im Schweiße seines Angesichts seinen Körper stählen.

Es geht aber auch ruhiger – rund um das Basketballfeld, den Spielplatz und die Skater-Rampe führen romantische Wege an Bänken vorbei durchs Grün. Ein Kind schaukelt sich kichernd gen Himmel. Der nächste Windhauch bringt leise Gedanken an früher, wie befreit und leicht das war, so sorgenfrei in Omas Garten herumzutoben. Stimmt, auch dieser ist hier nicht weit weg. Er befindet sich am hinteren Ende des Platzes: der Gemeinschaftsgarten Lindenhof. Auf dem eingezäunten Gelände wachsen und gedeihen Obst, Gemüse und Blumen. Alle Menschen aus der Nachbarschaft können hier beim Urban Gardening ihre grünen Daumen testen, Pflänzchen achtsam gut zuzureden oder tatkräftig mit anpacken. Knackige Tomaten, prächtige Zucchini, köstliche Erdbeeren und bunter Mangold – alles ist erlaubt. Die selbst gestalteten Beete sind manchmal mit den Namen der Familien beschriftet, die sie bewirtschaften. Es duftet nach liebevoll investierter Zeit und Erdbeeren. Sogar für die Bienen wurde extra eine kleine Wiese angelegt.

Neue Mitmachgärtner sind gern gesehen. Staunen kommen kann jeder. Aber ernten darf natürlich nur, wer auch gesät und selbst erfahren hat, wie aus Liebe und Pflege Nahrung für Körper und Geist wird. Für die Kleinsten ist es doch die schönste Achtsamkeitsübung, hautnah dabei zu sein und das Leben in der Realität statt im Internet zu bestaunen. Das gemeinsame Gärtnern verbindet Familien und Nachbarn und knüpft so ganz neue Bande inmitten von Mauern.

- Pfalzplatz und Gemeinschaftsgarten Lindenhof e.V., 68163 Mannheim
- ÖPNV: Straßenbahn 3, Haltestelle Markuskirche; Bus 63, Haltestelle Pfalzplatz (je ca. 350 Meter Fußweg)

Anfang und Ende Mannheims

29 Faszination pur an der Neckarspitze

Weitab von der Stadt, draußen, versteckt an der letzten Ecke des Hafens, liegt Mannheims Ursprung, die Quelle allen Lebens, Kilometer 0. Wenn man den schmalen Fußweg vom Lkw-Parkplatz am Ende der Werfthallenstraße durch die Kessel und über die stillgelegten Straßenbahngleise am äußersten Hafenende nimmt, landet man hier: im Delta der Flüsse, die die Stadt begründen.

Vier Flussufer geleiten zur 300-Grad-Winkel-Spitze, an der alles beginnt und alles endet. Dort angekommen, kann man einfach nur stillstehen und staunen. Dem Tuckern der Dieselschiffe, dem Puffen der Schornsteine, dem Rattern der Güterzüge mit offenen Augen andächtig lauschen und Momente der absoluten Vollkommenheit genießen. Automatisch atmet man tief ein. Die Aussicht ist überwältigend. Auf nicht mehr als einem Haufen Steine stehend, fühlt man sich groß und bedeutend und doch so klein und unwichtig zwischen den Strömen. Das ist es, was auch Fotos, die hier oft entstehen, so einzigartig macht. Wer an diesem Ort einen Sonnenuntergang erwischt, badet in Orange und Rot von allen Seiten. Die Industrieanlagen spiegeln das Glutrot der versinkenden Sonne in glänzenden Fassaden, welche sich mit dem Blau des Rheins und dem Grün der Wiesen zu einem Hollywoodfilm mit vielen Protagonisten vereinigen. Manche nennen die Neckarspitze Fluchtpunkt. Und das ist sie. Hier ist man weit weg von der gewohnten Normalität.

Ein echter Kraftort, voll von pulsierendem Leben verschiedenster Art, besonderen Geräuschen und Begebenheiten. Das konstante, beruhigende Rauschen der gegenüberliegenden Industrieanlagen der BASF ist hörbar, aber angenehm unaufdringlich und leiser als die Straßen der Stadt. Hier trifft sich, was sich lange vermisst hat: Hier vermählt der Neckar sich mit dem Rhein. Die Weite ist es, was diese Kulisse so imposant macht. Die Neckarspitze ist überraschend geheim, überraschend befreiend, überraschend weit und überraschend anders. Ach, und übrigens auch überraschend romantisch.

- Neckarspitze, Zugang über Parkplatz am Ende der Werfthallenstraße, 68159 Mannheim
- ÖPNV: Bus 62, Neckarvorlandstraße (ca. 800 Meter Fußweg)

Glühwürmchenparty

30

Das Jetzt genießen im August-Bebel-Park

Wie aus dem Nichts taucht er zwischen den Häuserschluchten auf, ruhig, gelassen, sorglos. Der August-Bebel-Park – mit 2,6 Hektar der siebtgrößte Park Mannheims. Hier, zwischen Rottfeld-, Zypressen- und Wingertstraße im idyllischen Stadtteil Almenhof, lädt der sozialdemokratische Namensgeber August Bebel (1840–1913) heute die Anwohner und Grünflächensuchenden zum Schwätzchen im Grünen ein. Ein herrlich verträumter Kiesweg windet sich zwischen den haushohen Magnolien hindurch. Der Kies knirscht wohltuend unter den Füßen. Besonders angenehm ist es, barfuß die pure Erdung zu erfahren. Dies ist der perfekte Ort, sich wieder darüber bewusst zu werden: Es gibt immer nur ein Jetzt. Das Gestern ist vorbei und das Morgen ist ungewiss. Wer sich hier kurz in seinen Gedanken verliert, der kann sich großzügig der Stille bedienen, die mancher Städter sich oft sehnlichst wünscht.

Zwischen den Bänken ist viel Abstand, sodass auch Spaziergänger, die lieber für sich über die Liebe und das Leben sinnieren, eine Insel zum meditativen Verweilen finden. Auf einer der Parkbänke hüpfen neugierige Spatzen durch Regenpfützen. Verliebte Pärchen turteln im Schatten einer Stileiche, Familien picknicken vergnügt unter Linden. Hebt man den Blick, sieht man überall natürliche Schönheit. Die Stadt hat man hier komplett hinter sich gelassen. Von den unzähligen Häusern rundherum ist im Sommer dank des dichten Schutzes aus Blätterdächern nichts mehr zu erahnen. Aber auch im Winter fühlt es sich an, als wäre man hier sicher. Die blühenden Büsche durchsetzen das Bilderbuchgrün mit bunten Farbtupfern, fast wie ein Gemälde von Monet.

Die Pärchen haben Glück, wenn sie die Zeit vergessen: Am Abend ist es hier nämlich besonders romantisch. Hunde tollen vergnügt in den Sonnenuntergang. Und was ist das? Leuchtende Glühwürmchen tanzen umher und eröffnen eine Glühwürmchenparty. Pure Magie!

● August-Bebel-Park, 68199 Mannheim

● ÖPNV: Straßenbahn 1, Haltestelle Voltastraße; Straßenbahn 3, Bus 50, Haltestelle Neckarau West (je ca. 500 Meter Fußweg)

Kopfsprung ins grüne Glück

31 Badespaßerinnerungen am Stollenwörthweiher

Hat jemand schon mal unglückliche Menschen an einem Badesee gesehen? Wohl kaum. Und schon gar nicht in Mannheim, einer der sonnenverwöhntesten Städte Deutschlands. Wenn das Strandbad am Stollenwörthweiher geöffnet hat, tummeln sich hier rund um den natürlichen Weiher Städter, die lachen, schwimmen, schwatzen und genießen. An diesem beliebten Angler- und Badesee stecken Schulkinder auf den breiten einladenden Steintreppenstufen verschwörerisch die Köpfe zusammen. Mädels tuscheln, wer von den Jungs da drüben auf dem Steg den elegantesten Kopfsprung gemacht hat. Rund um den Mannheimer Kultsee kann man seinen Anker werfen, auf weiten Wiesen oder in der grün bewachsenen Böschung. Hier entkommen erhitzte Gemüter der Schwüle der Stadt. Am besten klappt das mit einem mutigen Köpfer mit Anlauf vom Steg direkt ins kühle Nass. Obwohl der See oft faszinierend smaragdgrün schimmert, muss man sich keine Sorgen machen, denn die Wasserqualität ist hervorragend.

Im Großen und Ganzen sieht man hier im Hochsommer vor allem eins: ganz viel pulsierende Lebensfreude. Im Wasser ist genug Platz für alle – plus bunte Gummitiere aller Art. Sie malen Farbkleckse in den sonst grünlichen See, der bei vielen Erinnerungen an die unbeschwerten Tage der Kindheit wachruft. Seit vielen Generationen kommen die Mannheimer hierher zum Baden. Schon früher gab es eine leckere Abkühlung am Kiosk oder schmackhafte Leckereien in der Vereinsgaststätte „Weiherklause – Barka“. Beim Schwimmen kreuzen Schwäne den Weg in greifbarer Nähe, denn die sind hier zu Hause.

Auf dem Handtuch träumend, streichelt die warme Luft den Geist sanft beim Eindösen. Wer liebt nicht dieses dumpfe Gefühl, sich in der Hitze langsam und nur kurz, ganz kurz in das Gewirr der Stimmen fallen zu lassen und gefühlte Stunden später wieder aufzuwachen, nur um festzustellen, dass die Nachbarn immer noch genauso dasitzen wie vorhin – also hat man wohl gar nicht so lange geschlafen. Hier dürften heiße Sommertage eigentlich nie enden.

- Stollenwörthweiher, Promenadenweg, 68199 Mannheim
- ÖPNV: Straßenbahn 3, Haltestelle Rheingoldhalle (ca. 600 Meter Fußweg)

Gespendete Grünmomente

32

Picknicken im Lanz-Park auf dem Lindenhof

Der Mannheimer Lindenhof ist ein Ort der Begegnung. Die Menschen dieses Stadtteils lieben es, hier zu joggen, an den Rheinterrassen zu picknicken und immer wieder vor Leben pulsierende Stadtteilfeste zu feiern. 0,9 Hektar Grün laden gestresste Stadtbewohner im 2002 umgestalteten Lanz-Park (oder auch Lanz-Garten) zum Relaxen ein. Dieses Paradies erzählt vom Glück. Vom Glück, einen reichen Landmaschinenhersteller in Mannheim gehabt zu haben, der 1859 mit zwei Leuten anfing und später vier Millionen Goldmark für den Bau eines Krankenhauses samt Kapelle hinterließ – Heinrich Lanz, dessen gleichnamige Landmaschinenfabrik1956 von John Deere übernommen wurde und heute die bedeutendste Traktorenfabrik weltweit ist. „Wir wollen wohltun", soll er noch auf dem Sterbebett zu seiner Frau Julia gesagt haben. Das haben sie in Mannheim wahrhaftig verwirklicht! Die alte Lanz-Kapelle ist das Herz des Lanz-Parks, ein kleines Stück Poesie, ein Ruhestifter inmitten des Alltags. Viele Menschen haben sich für ihren Erhalt eingesetzt und sie Sandstein für Sandstein ab- und wieder aufgebaut. So ist sie ein anschaulicher Beweis des Zusammenhalts auf dem Lindenhof geblieben. Der Park ist ein Ort der Begegnung, des Zusammenseins und des Austauschs. Man fühlt sich hier einfach willkommen. Mit einladenden Grünflächen und Sitzgelegenheiten bietet der Park zahlreiche Möglichkeiten, die Magie der Natur zu genießen. Sobald man auch nur einen Fuß hineinsetzt, ist man sofort beruhigt und entspannt. Hin und wieder mischt sich der warme Regenduft mit Blütenpollen und verwebt sie zu einer unverwechselbaren Geruchssymphonie. Senioren lachen und vergnügen sich beim Boule- oder beim Tischtennisspielen. Die Baumkronen wippen vergnügt mit dem Wind. Blühende Kirschbäume malen strahlend pinke Punkte in den Frühlingshimmel. Teppiche aus Gänseblümchen machen es müden Städtern auf dem Rasen bequem. Alles ist so friedlich hier. Manchmal genügt einfach nur Fühlen.

TIPP

Leckeren hausgemachten Kuchen vom Café Meerwiesen gegenüber als Picknick verspeisen.

- Lanz-Park, Emil-Heckel-Straße 26, 68163 Mannheim
- ÖPNV: Straßenbahn 3, Haltestelle Diesterwegschule; Bus 65, Haltestelle Glücksteinallee (ca. 700 Meter Fußweg)

Der Fels in der Brandung

33 Die Zähmung des Neckars am Stauwehr Ladenburg

Wie durch einen magischen Sog gelangt man immer tiefer ins Graswüsten-Abenteuerland, wenn man den schmalen Damm am Weiler Neckarplatten in Richtung Neckarhausen weitergeht. Steigt man über die kleinen Trampelpfade hinunter ins per Warnschild (auf eigene Gefahr) angekündigte Abenteuer, lässt man sich vertrauensvoll auf einen Weg ins Schwemmwiesen-Wunderland ein. In sich versunken und beseelt, geht man entlang des Neckars, weg von den letzten Spaziergängern und Hundebesitzern an den Altneckarschleife-Neckarplatten. Das Ufer ist ungezähmt naturbelassen hier. Glitzernd gurgelt der „wilde Geselle", wie der „Nicer" im Keltischen eigentlich heißt, sich seinen Weg, überraschend und voller Leben. Bis zu jenem tosenden Rauschen, das ein paar Kilometer weiter hinten wartet. Jeder Schritt durch das Dickicht in Richtung Wasser ist ein kleines Fest der Sinne. Plötzlich wird die Stille laut. Eine unglaubliche Geräuschkulisse ergießt sich. Ein Rauschen, wie man es nur an den größten Wasserfällen vermutet, hier, mitten im Nirgendwo.

Das Stauwehr ist ein beeindruckendes Spektakel der Inspiration. Es liegt auf der Gemarkungsgrenze der drei Kommunen Ladenburg, Ilvesheim und Edingen-Neckarhausen und wurde 1927 erbaut. Beinahe demütig bleibt man eine Sekunde atemlos ob der hier gebündelten und gezähmten Naturgewalten. Gleich einem Fels in der Brandung bändigt es stoisch und trotzig die Wassermassen des Neckars. Tosende Wasser stürzen aus den Staukammern, reißende Fluten fallen hinab und beruhigen sich nur langsam wieder auf sanften Wasserstufen. Wie das Leben: Vor dem Wehr ist das Wasser wie die seichten Tage, an denen die Zeit einfach so vor sich hinströmt. Das Stauwehr erinnert an die unerwarteten Hindernisse und Abstürze und daran, dass man danach seinem Ziel wieder ein gutes Stück nähergekommen ist. Dass man dabei einige Hürden überwunden hat, bevor das Leben wieder ruhiger fließt. Das Leben ist voller Abenteuer! Man muss nur wissen, wo man sie findet.

- Ladenburger Wehr, 68526 Ladenburg
- ÖPNV: diverse Linien, Haltestelle Ladenburg (ca. 2 Kilometer Fußweg)

Unter Maulbeerbäumen

34 Wilder Wuchs auf der Maulbeerinsel

Was sind das nur für riesige alte Bäume da, die Wächtern gleich am Weg hinter der Feudenheimer Schleuse entlangwachsen? Knorrig und alt sind sie, wie aus den Märchenfilmen, die im Wald spielen. Es sind echte Naturdenkmale, die letzten hier erhaltenen weißen Maulbeerbäume. Man erkennt sie an ihren vielen Ästen und Knubbeln am Baumstamm. Kurfürst Karl-Ludwig ließ die Namensgeber der idyllischen Maulbeerinsel im 17. Jahrhundert zur Zucht von Seidenraupen in Mannheim pflanzen. Die Maulbeerinsel selbst entstand um 1930 künstlich beim Bau des Neckarkanals. Hier, im Landschaftsschutzgebiet am Unteren Neckar wachen die aus China stammenden Bäume jetzt in all ihrer Pracht und sind auch in Mannheim wunderbar aufgehoben. Wir lieben ihren Schatten an glühenden Sommertagen. Einen großen Teil dieses urwüchsigen Dschungels kann man abenteuerlich durchstreifen. Selbst Google kennt nicht alle verborgenen Paradiese und bezeichnet einige der schmalen Wege am Neckarkanal als „unnamed road". Gut so. So bleibt die Insel hoffentlich noch ein bisschen geheimer und geschützter.
Zum Glück und trotz der bezaubernden, geheimnisvollen Schönheit dieser Insel ist es relativ einsam. Fasane kreuzen die Wege der Spaziergänger. Hier und da kann man auch Storchennester entdecken. Findet man den Weg hierher im Mai, badet man seine Augen in der vollen Blütenpracht der asiatischen Riesen. Ein optischer Festschmaus, der Eindruck hinterlässt. Aber warum haben die Bäume Schilder? Heinrich Wawrik, ein ehemaliger Leiter des Fachbereichs Grünflächen und Umwelt, hatte ein Faible für die exotischen Maulbeerbäume. Er ließ sie zählen und brachte Plaketten an. Circa 60 Bäume befinden sich heute auf der Insel. Durch Wildwuchs vermehren sie sich stetig. Weiter Richtung Fernmeldeturm wirkt die Insel sanfter, gezähmter, hier legen die Schiffe an. Mit nur einem Sprung könnte man eines von ihnen entern und schon morgen an einem völlig anderen Ort aufwachen. Ganz von vorn anfangen. Sich vom Leben überraschen lassen.

- Naturschutzgebiet Maulbeerinsel, Zugang über Riedbahnbrücke, 68167 Mannheim
- ÖPNV: Straßenbahn 5, Haltestelle Holbeinstraße; Straßenbahn 6, 9, Haltestelle Harrlach (je ca. 850 Meter Fußweg)

KRAICHGAU

Geführter Entdeckergeist

35 Abenteuer erleben im Waldhaus Mannheim

Ein Wald im Haus? Ein Haus im Wald? Trifft hier beides irgendwie zu. Am Rand des Käfertaler Waldes, mitten im Herrschaftswald des Forstes Baden-Württemberg, findet sich ein kostbarer Schatz für die Wälder in unserer Region. Das Waldhaus ist eine gemeinsame Einrichtung der Stadt Mannheim, des Rhein-Neckar-Kreises und des Forstes Baden-Württemberg. Unterstützt wird es vom Mannheimer Kreisverband der Schutzgemeinschaft Deutscher Wald. Hier kommen Kinder und Erwachsene her, um mehr über den größten Schatz unserer Erde zu erfahren: den Wald.

Seit 1999 existiert dieses kinästhetische Naturklassenzimmer. Ein Abenteuerhaus mit dem Ziel, Kindern und Jugendlichen bewusst zu machen, wie einzigartig dieses Ökosystem Wald eigentlich ist und wie bedroht und schützenswert. Ziel: einen verantwortungsvollen Umgang mit der Natur zu fördern. Hier entdecken sie das Leben, wie sie es in ihrem normalen Alltag zwischen den Mauern der Stadt nicht kennen. Kleine Hände fühlen Moose und Baumstämme. Neugierige Augen bestaunen die ausgestopften Tiere. Von hier starten Kindergruppen mit kleinen klopfenden Herzen ins grüne Entdeckerlabyrinth des Waldes. Was war das? Eine Fledermaus? Gibt es hier eigentlich auch Füchse? Ausgebildete Naturführer können diese neugierigen Fragen zum Glück kompetent beantworten. Welch ein Glück für die Mannheimer: Solche Einrichtungen sind sehr selten in Deutschland.

Staatlich zertifizierte Waldpädagogen vermitteln spannende Themen wie Waldökologie, Forstwirtschaft und Naturschutz mit pädagogischen Methoden. Sehen, Hören, Tasten, Riechen und Schmecken; mit allen Sinnen kann man im Waldhaus und in den angrenzenden Wäldern spielerisch Natur erleben. Zum Beispiel auch bei den abenteuerlichen Event-Erlebnissen: Man kann schnitzen, in der Wildnisküche kochen, Waldabenteuer erleben und dabei Feuer machen. Immer steht das Erleben mit allen Sinnen im Vordergrund. Es gibt außerdem auch Zeltlager, Lagerfeuer und Outdoor-Kochen für Familien. Und: Man kann hier sogar Kindergeburtstage feiern.

- Waldhaus Mannheim, Waldpforte 199, 68305 Mannheim
www.waldhaus-mannheim.de
- ÖPNV: Bus 55, Haltestelle Waldpforte; Straßenbahn 4, Haltestelle Waldfriedhof (ca. 450 Meter Fußweg)

Furniere von verschiedenen Baumarten

Schönste Straße Mannheims

36 Hollywood-Boulevard Max-Joseph-Straße

Ganz nah an der Innenstadt, in der Neckarstadt Ost, kann man wohnen und flanieren wie in einem Hollywoodfilm. Die alten Häuserfassaden, die gepflasterte, breite Straße, die mit ihren riesigen Bäumen einem Spalier gleicht, und sogar die sorgsam und adrett gekleideten Menschen: Alles sieht aus wie eine absichtlich erbaute, perfekte Kulisse.

Klar ist, dass viele Schauspieler und Künstler sich tatsächlich auch hier niederlassen. Nicht umsonst sagt man von der Max-Joseph-Straße, sie sei die schönste Straße Mannheims. Und irgendwie spiegelt sich all die Kreativität und Offenheit auch in den alten löchrigen Pflastersteinen dieser Straße. Jeder einzelne scheint eine Geschichte zu erzählen. Vor den prachtvollen Jugendstilhäusern strahlen überall aus den sorgsam angelegten und gepflegten Vorgärten, die erstaunlich groß und grün sind, Esprit und Charme. Man kann hier stundenlang auf und ab entlangschlendern und entdeckt immer wieder Neues im Grünen, Blüten und Ranken an den historischen Fassaden und in den Wipfeln der meterhohen alten Bäume. In diesem Umfeld ist Achtsamkeit nicht nur ein Wort. Man erlebt und lebt sie automatisch, wird komplett ins Hier und Jetzt zurückgeholt.

Dort oben singen die Vögel so laut, dass die Bewohner auf ihren winzigen Balkonen sich wie im Konzertsaal fühlen müssen, so dicht wachsen die haushohen Bäume an die Balkone heran. Fast so dicht, dass man den Specht wohl zum Frühstück in die eigene Altbau-Küche einladen könnte, in die schmucken Prachtbauten mit ihren Türmchen und Erkern. Hier spaziert man nicht mehr – man lustwandelt im Grün. Man flaniert unter Blätterkronen. Die altehrwürdigen Alleebäume klatschen Applaus mit ihren üppig grünen Zweigen. Die Allee ist gespickt mit schönen Accessoires wie gemütlichen Cafés und Lädchen. Wie eine kleine Schatztruhe, aus der man sich ungeniert bedienen kann. Draußenzeit könnte wohl kaum romantischer und mehr hollywoodlike sein.

● Max-Joseph-Straße, Beginn bei Ecke Käfertaler Straße, 68167 Mannheim
● ÖPNV: diverse Linien, Haltestelle Alte Feuerwache

Träumen vor heiligen Hallen

37 Mensawiese hinter dem Schloss

Wo könnte man wohl schöner träumen als auf der Wiese hinter einem Barockschloss? Wo besser die Gedanken sortieren als auf dem Gelände einer renommierten Universität?

Auf der Mensawiese träumt man sich automatisch zurück in die Zeiten, als das Mannheimer Schloss gebaut wurde und hier die Kurfürsten, später die kurfürstliche Witwe Stéphanie, residierten und das Leben im Übermaß genossen. Aus einer Uneinigkeit des Kurfürsten Carl Philipp mit der protestantischen Kirche Heidelberg wurde sein Umzug und am 2. Juli 1720 die Grundsteinlegung für unser Schloss, das heute zu den größten Barockschlössern der Welt zählt. Das erklärt vielleicht auch die 40-jährige Bauzeit in mehreren Bauabschnitten – und die deshalb erforderliche „Schlossbausteuer“ für die Mannheimer Bürger. Die endgültige Vollendung 1760 hat Carl Philipp selbst gar nicht mehr erlebt. Mit seinem Neffen Carl Theodor erfuhr Mannheim eine fantastische Blütezeit, von der man hier gefühlt noch immer zehrt.

In dieser Zeit zog es Künstler, Schriftsteller und Wissenschaftler nach Mannheim, unter anderem sogar Voltaire, der einst schrieb: „Wie schön wäre es, könnt' ich von meinen letzten Tagen einige bei einem Fürsten wie Carl Theodor verbringen …" Nach seiner vollständigen Zerstörung im Zweiten Weltkrieg wurde das Schloss auf Wunsch der Bevölkerung 1947 wiederaufgebaut. In einem Teil der aus fünf Flügeln bestehenden imposanten Anlage ist seit 1967 die Universität untergebracht. Dazu gehört natürlich auch eine Mensa, die direkt hinter dem Westflügel liegt, auf halbem Weg zwischen Schloss-Ehrenhof und A5. Nachdem man drinnen lecker gegessen hat, genießt man gerne die imposante und inspirierende Kulisse auf der Mensawiese in der Sonne. Und: Manchmal entstehen hier tatsächlich bahnbrechende Ideen und kreative Erfindungen. Bei den verschiedensten Veranstaltungen der Uni gibt es auf dieser Wiese aber auch einfach mal ganz viel Spaß, zum Beispiel Human Soccer, Bubbleball und natürlich auch legendäre Studentenpartys!

- Mensa am Schloss, Bismarckstraße 10, Eingang A, 68161 Mannheim
- ÖPNV: diverse Linien, Haltestelle Schloss (ca. 300 Meter Fußweg)

Abenteuer am Strand

38 Beach Island: Naturstrand Ilvesheim

Wer sich die idyllische Inselgemeinde einmal näher angesehen hat, weiß: Es handelt sich bei Ilvesheim um eine echte Insel, entstanden durch den Bau des Neckarkanals 1925. Ein wahres Paradies ist Ilvesheim daher natürlich vor allem für Fische und Angler. Die erfolgreichste Angelmethode hier soll das Spinnfischen sein, bei dem man mit dem Köder das Verhalten eines Beutefisches imitiert.

Die Altneckarschleife steht seit 1986 unter Naturschutz und bietet vielen Tier- und Pflanzenarten einen einzigartigen Rückzugs- und Lebensraum. Wenn man von Seckenheim aus über die Brücke geht, sieht man immer wieder kleine Strände auf der Ilvesheimer Seite. Ein echtes Paradies für Angler: Manchmal stehen sie sogar mitten im Fluss, je nachdem, wie viel Wasser im Flussbett ist. Sie versuchen ihr Glück bei Rapfen, Flussbarschen, Welsen, Döbeln, Zandern und zehn weiteren Fischarten. Was sich viele fragen, ist, wie man dort hinunter zum Strand kommt. Das ist nämlich tatsächlich ein echtes Abenteuer!

Die Strände liegen im Naturschutzgebiet und dürfen teilweise nicht betreten werden. Andere nur unter größtem Respekt vor der Schönheit der Wildnis. Je nach Wetter und Jahreszeit ist die Flusslandschaft immer wieder anders, es ergeben sich überraschend neue kleine Sandbänke und Strände im Fluss. Verlässt man die Brücke am Alla-Hopp-Spielplatz, gelangt man mitten ins grüne Wunderland. Hinter dem Deich führen vereinzelt schmale Trampelpfade die wild bewachsene Böschung hinunter. Der Mut, sich hier eine Schneise durch die Brennnesseln zu schlagen, wird auf jeden Fall mit Ruhe und Abgeschiedenheit belohnt. Aber Vorsicht: Unerwartet schnell kann der Pegel des Neckars ansteigen und das Abenteuer gefährlich machen.

Aufmerksam und wertschätzend lassen sich hier jedoch ein paar entschleunigende Minuten am Wasser genießen. Kieselsteine und Muscheln kitzeln gestresste Städterfüße und geben das Gefühl, irgendwo weit weg am Meer zu sein. Einfach die Füße reinstrecken und seinen Träumen nachhängen.

● Naturstrand Ilvesheim, Zugang Böschungen Nähe Hundesportverein Ilvesheim, Am Freibad 3, 68549 Ilvesheim

● ÖPNV: Straßenbahn 5, Bus 40, 43, 44, Haltestelle Seckenheim Rathaus (ca. 1,5 Kilometer Fußweg)

Klein, aber oho!

39 Grünes Hideaway: Scipiogarten

Wie viele Menschen kennen wohl den achtzehntgrößten Park der Stadt? Vermutlich nicht so viele. Dabei ist er ein wahrer Segen für Ruhesucher. Nur 0,2 Hektar hat er vorzuweisen – aber die mit jeder Menge Grün. So klein er ist, so schön ist er auch. Wie eine vergessene Perle liegt der Scipiogarten direkt hinter dem Modehaus Engelhorn Sports, gegenüber dem Leonardo Hotel. Er wirkt ein wenig wie ein grünes Loch, das der Planer im Betonmuster vergessen hat. Zum Glück! Wer mitten in der pulsierenden, lebendigen Stadt beim Shoppen zwischen den Kaufhäusern Stille sucht, der findet sie genau hier. Kein Wunder: Diese grüne Insel war mal der Garten eines Kapuzinerklosters, bis ihn der Handelskaufmann Wilhelm Scipio um 1800 erwarb und daraus einen Wohngarten mit exotischen Gehölzen anlegen ließ. In weiser Voraussicht hat die Stadt den im Krieg zerstörten Garten erhalten. Denn zum einen beruhigt er die gestressten Städter-Gemüter und lädt Shoppinghungrige zum schnellen Durchatmen ein, zum anderen besänftigt er mit seinen duftenden Rosensträuchern und Bäumen gleichzeitig das betonerhitzte Stadtklima, besonders im Sommer. Dafür zählt ja heute jede Wiese und jede Grünfläche, und sei sie auch noch so klein. Besonders wertvoll ist die grüne Perle auch für Tiere und Insekten, die sonst in der Stadt keinen Lebensraum mehr finden würden. Sie summen und krabbeln hier fröhlich und dankbar durch die Büsche und Wiesen. Geschäftige Passanten freuen sich über das unvermutete grüne Paradies, nur eine Querstraße entfernt von Mannheims großer bekannter Einkaufsmeile, den Planken. Die schattigen Bänke warten auf Besetzer, die mal eben eine kurze Naturpause genießen wollen. Auftanken to go.

Auf dieser bemerkenswerten Insel mitten in den Quadraten kann man sich prima treiben lassen und seine eben noch ziemlich geschäftigen Gedanken sortieren, eine Runde Yoga machen oder ein wenig studieren.

- Scipiogarten, N5, 68161 Mannheim
- ÖPNV: Straßenbahn 2, 4, 4A, 5, Bus 6, Haltestelle Strohmarkt (ca. 250 Meter Fußweg)

Träumende Boote im Grünen

40 Die Sumpflandschaft Bellenkrappen

Vom bekannten Sunday-Schlender-Hotspot Stephanienufer aus kann man scheinbar unendlich lange seinen Gedanken und dem Strom des Rheins aufwärts folgen. Dabei besteht die Möglichkeit, auf dem breit asphaltierten Weg zu gehen, wo auch bei schönem Wetter viel Trubel herrscht, oder daneben, auf einem kleinen wunderbar weichen Waldpfad direkt am Rheinufer entlang. Gesäumt vom einladenden Grün des Waldparks verliert man sich spazierend im Tuckern der Dieselschiffe. Fast schon beruhigend, wie sie gleichförmige Wellen erzeugen, die noch Minuten später ans Ufer plätschern.

Auf dem Uferweg gelangt man dann bald an die Mündung eines kleinen alten Rheinarms, den Bellenkrappen. Weiter flussaufwärts auf dem Promenadenweg wird der Wald immer dichter. Der Pfad verzweigt sich. Durch die Pappeln schimmert das Wasser in dem Seitenarm des Rheins verheißungsvoll smaragdgrün. Wie ein kleiner See liegt der Bellenkrappen eingebettet in den Waldpark. Hier treiben kleine Bötchen im seichten Rheinwasser wie auf einer Landschaftspostkarte. Wovon sie wohl träumen?

Je weiter man geht, umso mehr wächst die Faszination: Der Blick auf den mit Pappeln gesäumten Bellenkrappen gehört zum Idyllischsten, was Mannheim zu bieten hat. Wie ein Burggraben, der das kostbare Naturgut schützt, umschlingt der Bellenkrappen hier die gegenüberliegende Kuckucksinsel, den einzig begehbaren Teil der geschützten Reißinsel. Dort kokettiert das urtümliche, wilde Urwaldgebiet (Bannwald) der Reißinsel, als wolle es den Kontrast zwischen angepasst ruhiger und unzähmbarer Naturgestalt unterstreichen. Und auch diesseits des Bellenkrappens wandelt man durch eine verwunschene Wichtellandschaft, ein Auenland, staunt man sich vorwärts. Immer wieder blitzt zwischen den Pappeln und Weiden Märchenland hervor. Morgennebel verwandelt die Landschaft in bizarre Filmkulissen für Vögel und Wildtiere. Pssst … bitte leise genießen!

● Bellenkrappen, zwischen Sternstraße und Strandbadweg, 68199 Mannheim
● ÖPNV: Bus 63, Haltestelle Pfalzplatz (ca. 1 Kilometer Fußweg)

Tante Emma und Dolce Vita

41 Obst- und Gemüsetheke: das Märktchen

Auch vor Mannheim macht der Trend zu gesunder Ernährung vom Bauern nebenan nicht halt. Mannheims Frischefans finden ihr Glück in der Schwetzinger Vorstadt, wo Leti und Thomas sich 2019 ihren persönlichen Traum von der gemütlichen Vitamintankstelle erfüllt haben. Im Märktchen, dem früheren Vorstadtkiosk, in der Seckenheimer Straße mischen sich Menschen zum Plausch im Indoor-Obst- und -Gemüsegarten. Wer hier einkauft, hat sicher das Ziel, seinem Körper und seiner Seele mit ursprünglicher Nahrung Gutes zu tun. Sieht aus wie ein kleiner, schnuckeliger Tante-Emma-Laden und fühlt sich auch so an. Aus jeder Ecke strahlt die Liebe zu Nachhaltigkeit und regionaler Frische. Ein kleines Paradies für Menschen, die ihr Obst und Gemüse lieber nicht optisch perfekt in den Supermarktketten kaufen, sondern auch herrlich unperfekt und natürlich urwüchsig verspeisen.

Besonders wohl fühlen sich hier auch die Menschen, die einfach ein bisschen menschliche Nähe in der Stadt suchen. Der kleine morgendliche Plausch zwischen leuchtenden Orangen, Marmeladengläsern und Lauchstangen gehört hier nämlich zum guten Ton aus Gemütlichkeit und Achtsamkeit. Jede Apfelsorte aus der Pfalz hat ihre eigene Kiste, jede Rübe ihren Korb. Es duften überwiegend regionale Leckereien um die Wette, immer passend zur Jahreszeit. Die Kartoffeln stammen aus eigenem Anbau in der Pfalz, andere Delikatessen wie zum Beispiel Kohl, Pilze, Rüben und Äpfel von den Äckern und Bäumen aus der Umgebung. Das Sortiment ist immer wieder überraschend: Es gibt Mannheimer Honig, leckere Obstsäfte, Pfälzer Weine, Pestos, Ingwer-Shots und handgepresste Öle.

Seit das Märktchen 2021 noch größer wurde, können sich Genießer zusätzlich über frische Antipasti und Molkereiprodukte aus dem Odenwald freuen. Es duftet nach frischer Pizza, Pasta und Käse aus Apulien, liebevoll ausgewählt. Während man in der kleinen Café-Bar einen typisch italienischen Espresso schlürft, kann man sich von Kochbüchern für den Frischeeinkauf inspirieren lassen.

- Das Märktchen, Seckenheimer Straße 16, 68165 Mannheim
- ÖPNV: Straßenbahn 6, 6A, 9, Haltestelle Werderstraße; diverse Linien, Haltestelle Hauptbahnhof (ca. 500 Meter Fußweg)

Pink Lady
Paprika
4,50kg

Fischen im Schwedenidyll

42

Entlang der Altneckarschleife-Neckarplatten

Ein gewundener Weg entlang des Neckars führt raus aus Seckenheim, dem ehemaligen Fischerdorf im Südosten Mannheims. Die Sonne küsst stille Wasser, Badewannenbuchten für Enten, Kormorane, Reiher und Krähen. Wilde Auen werden durchbrochen von Kies- und Sandbänken, auf denen sie ihre Familien gründen. Die Wasserschlingen des Naturschutzgebiets Altneckarschleife-Neckarplatte sind wie kleine Restposten vergangener Zeiten, als von Zivilisation noch nichts zu sehen war.
Der Altneckar wurde bis zur Kanalfertigstellung 1925 als Schifffahrtsstraße genutzt. Am Ufer sind sogar teilweise noch Reste des alten Treidelpfades, ein Weg, auf dem von 1878 bis 1925 Kettenschlepper mit Pferden vom Ufer aus gegen den Strom gezogen wurden. Heute wird die Natur hier zum Glück geschützt. Das Glück hat vier Beine. Oder sechs oder zwei. Viele sind vom Aussterben bedroht. In den wilden Auen finden sie Unterschlupf und Nahrung, brüten im Frühjahr und rasten, wenn sie müde sind. Besonders Fliegenfischer lieben die Altneckarschleife.

TIPP

Im Herbst sind die Sonnenaufgänge hier besonders bezaubernd!

Nach etwa 2 Kilometern Fußweg taucht er wie aus dem Nichts auf: ein kleiner Weiler mitten im Grün, eine Oase der Ruhe, umgeben von Deichen und Wiesen. Irgendwo zwischen der vorstädtischen Betriebsamkeit von Ilvesheim, Neckarhausen, Ladenburg und Seckenheim breitet sich die unendliche Ruhe der Neckarplatten aus. Sie sind eine Rarität, flächenmäßig nicht größer als drei Fußballfelder. Die kleine, schwedenidyllische Ansammlung von Häuschen entstand in den 40er-Jahren des letzten Jahrhunderts um einen militärischen Schießstand herum. Das Glück zog kleine Kreise: eine Handvoll Häuser, eine winzige Gemeinschaft, die mitten im Stadtgebiet hinter dem Deich wohnt. Das muss Glück sein, in der Abgeschiedenheit. Wo die Hunde noch frei laufen können, wo einer weiß, was der andere grillt und was ihn glücklich macht. Gibt es hier überhaupt Handyempfang? WLAN? Der Postbote hat auf jeden Fall eine recht weite Anfahrt.

- Naturschutzgebiet Altneckarschleife-Neckarplatten, 68239 Mannheim
- ÖPNV: Straßenbahn 5, Bus 42, 44, 46, Haltestelle Seckenheim Bahnhof (ca. 1 Kilometer Fußweg)

Organisierte Eleganz

43 Das Chinesische Teehaus im Luisenpark

Mit dem Luisenpark hat Mannheim eine der schönsten Parkanlagen Europas. Auf den 41 Hektar Grünfläche mitten in der Stadt ist alles möglich. Am östlichen Ende, vom Haupteingang aus gesehen ganz hinten, steht inmitten eines faszinierenden chinesischen Gartens das größte originalgetreu erbaute chinesische Teehaus Europas. Garten- und Landschaftsarchitekt Li Zheng erbaute den Garten 2001 nach den Grundsätzen des Feng-Shui. Im Feng-Shui geht es darum, Gesundheit und Glück der Bewohner und Besucher zu steigern. Funktioniert! Ein Gefühl von Ruhe und zeitloser Eleganz versetzt einen unmittelbar ins Reich der Mitte. Das Gefühl, auf das es Professor Li Zheng bei der Anlage des Gartens ankam, war die Harmonie der sieben Dinge: Erde, Himmel, Steine, Wasser, Gebäude, Wege und Pflanzen befinden sich im perfekten Einklang, wie die Lektüre eines verschachtelten Gedichts.

Er wusste, dass sich die Einflüsse der Umgebung auf die Attraktivität eines Bauwerks und auf das Glück seiner Bewohner auswirken. Eine Brücke führt vorbei an China-Schilf und Ruten-Hirse, Amethyst-Schwingel und Moor-Blaugras über das Wasser, in dem die wohlgenährtesten Kois wohnen, die man je gesehen hat. Über 130 Päonien blühen hier im „Garten der schönen Aussichten" in den prächtigsten Farben. In China sind sie ein Sinnbild für Schönheit und Reichtum. Sämtliche Teile des Hauses wurden in China gefertigt und in 65 Containern nach Mannheim verschifft. Die steinernen Wächterlöwen am Tor sollen schlechte Einflüsse fernhalten. Von der Spitze eines Berges aus 200 Tonnen Taihu-Gesteinsblöcken fließt ein Wasserfall. Hier lassen sich leicht Kraft und neue Energie sammeln. Bei den alten Chinesen sagt man: „Die Gärten sind zur Nahrung des Herzens gemacht."

2023 werden im Luisenpark jede Menge neue Erlebnisräume fertiggestellt, wie zum Beispiel eine begehbare Freiflugvoliere, eine faszinierende Unterwasserwelt und ein Südamerikahaus. Trotzdem bleibt das Teehaus ein ganz besonderer, harmonischer Glücksort!

TIPP

Bei einer Tasse Tee Momente der perfekten energetischen Vollkommenheit genießen!

● Chinesisches Teehaus im Luisenpark, Hans-Reschke-Ufer 4, 68165 Mannheim
● ÖPNV: Straßenbahn 6, 9, Bus 62, Haltestelle Luisenpark/Technoseum (ca. 1 Kilometer Fußweg)

落霞亭

Fabelwesen im Unterholz

44 Das weitläufige Biotop Ballauf-Wilhelmswörth

Wo die Mannheimer Hobbits wohnen? Vermutlich hier im Mannheimer Norden. Verlässt man Sandhofen, vorbei an der Gaststätte Aurelia, gelangt man rechter Hand an den Wilhelmswörthweiher, der den Anglern gehört. Das Naturschutzgebiet Ballauf-Wilhelmswörth erstreckt sich von hier schlauchförmig am östlichen Rheinufer entlang. Die Hobbits hausen auf 340,9 Hektar idyllischem Auenland, dem größten Naturschutzgebiet Mannheims.

Geschaffen hat dieses Wunder der Rhein, der im Laufe der Zeit immer wieder seinen Lauf änderte. Seine Veränderung schaffte Altes ab und baute neue Paradiese für Flora und Fauna wie den Graureiher, Eisvögel und Kormorane. Ein Rückzugsort voll magisch-grünem Zauber. Überall brummt und summt das Leben. Es gibt unglaublich viele Insekten, die hier im Naturschutzgebiet ihren Lebensraum gefunden haben. Rehe kreuzen den Weg, als wäre das überhaupt nichts Besonderes. Scheu schauen sie auf, wenn man auf dem Damm entlangspaziert. Es ist, als würden sie einem kurz zuzwinkern und sagen: „Tu mir nichts, dann darfst du mich kurz bestaunen." Der Wind streift durch die Stille. Im hohlen Baumstumpf wohnt eine Waldohreule.

Wie ein Puffer liegt das Naturschutzgebiet zwischen dem städtischen Wohnraum und den Industrieanlagen, ein Gürtel, der die Mannheimer Bewohner von der Produktivität der Hafenfabriken trennt. Beinahe wie eine Wartezone, die es zu durchqueren gilt, bevor man der urbanen Schönheit gegenübersteht. Das alte Aquädukt unterbricht den Blick auf den Horizont und die Getreidefelder ganz im Norden.

Sogar Fledermäuse huschen gelegentlich vorüber. Igel, Feldhasen und Marder kichern im Gebüsch, während Nachtigall und Kuckuck sich Gute Nacht sagen. Alles ist still, bis auf das Jammern des Windes, der dem Fluss hinterherzujagen scheint, als habe er etwas von ihm mitgenommen, das er zurückhaben möchte. Weiter geht es, immer weiter am Rhein entlang, und es scheint, als ob die Welt niemals endet.

- Naturschutzgebiet Ballauf-Wilhelmswörth, 68307 Mannheim
- ÖPNV: Bus 59, Haltestelle Ausgasse (ca. 2 Kilometer Fußweg)

Anglerglück mit Hafenblick

45 Das blaue Wunder Kammerschleuse

Die Hafenstadt mit dem viertgrößten Binnenhafen Europas (und flächenmäßig mit dem größten Deutschlands) hat natürlich auch einige Schleusen zu bieten, zum Beispiel die Kammerschleuse. Von der Schleusenbrücke eröffnet sich ein perfekter Blick auf die gegenüberliegende BASF, die Neckarspitze und den Bonadieshafen. Seit der Rheinbegradigung trotzt die Schleuse mit ihren 140 Metern Länge und 13,40 Metern Höhe stolz den Fluten des Rheins und bringt die Schiffe, die Waren nach Mannheim oder in die Welt liefern, ganz sanft über die 30 Zentimeter Höhenunterschied. Die Schleuse wurde von 1897 bis 1900 gebaut. Daneben erstrecken sich weite, grüne Landstriche entlang des Flusses, die Stadtmenschen als Erholungsort nutzen, wo sie Picknickdecken ausbreiten, Fußball spielen und heiße Sommertage mit süßem Nichtstun vergeuden. Vorbei an Kleingärten, entlang an der Ader des Lebens kann man den Blick auf endlose Weiten genießen.
Hoch oben neben der Schleuse thront in leuchtendem Backsteinrot das Haus des früheren Schleusenwärters, dessen Dienste heute nicht mehr gebraucht werden, denn die Schleuse funktioniert mittlerweile ferngesteuert. Der letzte Schleusenwärter wohnte bis 2014 noch hier. Während man das idyllische Relikt bestaunt, überlegt man: „Hier würde ich auch gern wohnen", denn der Ausblick und Überblick des Schleusenwärters war gigantisch. Im Erdgeschoss war neben der Wohnung ein „Büreau" untergebracht, im Dachstock gab es die „Kammer für den Schleussenknecht". Angler machen es sich am Kai gemütlich und lehnen geduldig in ihren Klappstühlen, während sich wie von Geisterhand gewaltige Schleusentore öffnen. 31 Lichtsignale navigieren die Flussriesen durch die Schleuse. Hier unten wird einem bewusst, welch unbändige Kraft hinter solchen von Menschenhand geschaffenen Konstruktionen steckt.
Wie oft macht man sich als Mannheimer schon auf, sich die Stadt aus dieser Sicht anzuschauen? Dabei sind es doch gerade der Hafen und die Schifffahrt, die Mannheim wirtschaftlich prägen. Es lohnt sich!

- Kammerschleuse, An der Kammerschleuse, 68169 Mannheim
- ÖPNV: Bus 53, Haltestelle Kammerschleuse

Kiosk mitten im Leben

46

Meetingpoint Neumarkt Neckarstadt

Es ist eigentlich egal, um wie viel Uhr man sich an diesem zentralen Glücksort in der Mannheimer Neckarstadt West trifft: Hier tobt immer das pure Leben! Ob morgens, mittags oder nachts – es ist auf angenehme Art laut, bunt und lebensfroh. Hier im sozialen Brennpunkt Mannheims wurde mit der Neugestaltung des Neumarkts 2022 eine grüne Oase zwischen gründerzeitlichen Fassaden geschaffen, die alle mit offenen Armen empfängt. Auf den Bänken, dem Rasen und in den charmanten umliegenden Cafés tummeln sich alle möglichen Nationalitäten. Wie ein Schmelztiegel mischen die Anforderungen des Alltags hier Grüngenießer und Cafébesetzer zusammen. Kinder lachen Träume in Seifenblasen und erobern den fantastischen großen Spielplatz. Hobbygärtner trainieren ihren grünen Daumen in den Hochbeeten des neuen Urban-Gardening-Bereichs. Ein bisschen fühlt man sich hier wie in einer anderen Stadt irgendwo am Mittelmeer. Wo Kinder bis spätabends draußen sind und es scheinbar keine Verpflichtungen gibt.

TIPP

Im Winter ist der Kiosk geschlossen.

Das ursprünglich von der Initiative „Zwischenraum" als Übergangsnutzung geplante Projekt „Kiosk" ist einfach dageblieben. Wie es heißt? KIOSK. Einfach nur Kiosk. Dabei kann man hier wunderbar draußen seinen Kaffee schlürfen und sich bedienen lassen. Abends verwandelt sich manchmal das unscheinbare Häuschen sogar in eine angesagte Bar, mit Partys und Livemusik, bei der man alles um sich herum vergessen kann. Das kleine Café wirkt wie ein Anker der Freundlichkeit, wie ein spontaner Treffpunkt für jedermann, hier, neben der Neckarschule. Ein gemütlicher, ruhiger Schattenhain ist die ausgleichende Ruhezone. Nur einen Steinwurf entfernt, befindet sich in der Neckarstadt Ost die barocke, prunkvolle Max-Joseph-Straße. Größer könnte der Kontrast kaum sein. Am Neumarkt ist Mannheim ganz anders. Einfacher. Explosiver. Lauter. Aber auch eine perfekte Kulisse für einen lauen Sommerabend.

- KIOSK, Alphornstraße 9, 68169 Mannheim
- ÖPNV: Straßenbahn 2, Haltestelle Neumarkt

Blühender Käsekuchen

47 Kleingärten Mallau beim Blumen-Café

Selten findet man einen Ort, an dessen Eingang man so beeindruckt und ehrfürchtig stehen bleibt und dessen Schwelle man trotzdem lieber nicht überschreiten würde. Eine dicke rote Steinmauer mit imposantem Eingangstor umgibt den Friedhof in Neckarau. Wo Menschen ihre letzte Ruhe finden, finden andere Ruhe vor dem Stress des Lebens. Rund um den Friedhof regieren nämlich die Rasenmäher, Blumenbeete und der appetitliche Grillgeruch. Hier frönen Menschen ihren liebsten Hobbys im Schutz der Kleingartenanlage des Gartenvereins Mallau. Entlang der wunderschönen hohen Mauer reiht sich Garten an Garten, sorgfältig gepflegt und gehütet, in der warmen Jahreszeit voller Leben und Lachen. Die Menschen kehren zurück zur Natur, öffnen ihre Augen wieder für die kleinen Schätze des Alltags. Sind einfach nur im Hier und Jetzt und genießen die Grüngemeinschaft. Und sie kümmern sich um ihr eigenes Stück davon, mit viel Engagement und Liebe. Wo sonst sind Leben und Tod so nah beieinander?

Ein vielversprechender Spazierweg führt an den weitläufigen Gärten entlang und geleitet behutsam um sie herum, am schmalen Grad zwischen lebendigem Altersruhesitz und letzter Ruhestätte. Es duftet nach Blumen und Grillgut. Wenn man genug seinen Gedanken über das Leben nachgehangen hat und die Füße ein wenig müde sind vom Schlendern, man aber selbst keinen Garten hier hat, kann man sich im Blumen-Café Stelzer-Englert eine kleine schmackhafte Pause gönnen. Das einfache Café verbindet einen Friedhofsblumenladen und eine Gärtnerei mit einem charmanten Platz zum Ausruhen und Klönen. Viele treffen sich hier im Rahmen ihres Friedhofsbesuchs oder nach getaner Gartenarbeit auf ein Stück hausgemachten Kuchen, den die Besitzerin mit viel Liebe selbst gebacken hat. Der Käsekuchen schmeckt eben auch zum Niederknien!

Fast schon romantisch wirkt das Großkraftwerk Mannheim von hier aus, wenn hinter seinen hohen Schornsteinen die Sonne glutrot versinkt.

- Blumen-Café Stelzer-Englert, Friedhofstraße 3, 68199 Mannheim
- ÖPNV: Bus 50, Haltestelle Neckarau Friedhof; diverse Linien, Haltestelle Neckarau Bahnhof (ca. 700 Meter Fußweg)

Die Schöne und die Biester

48 Grüne Funkelperle Pfingstbergweiher

Dunkles Blaugrün blitzt vielversprechend hinter den dichten Büschen hervor, wenn man oben an der Straße vorbeifährt. Verlockend reflektiert es die Sonne in kleinen Lichtfunken im Grün auf dem seitlich versteckten Fußweg zum Einstieg. Wenn man ihn entdeckt, ist man nördlich von Casterfeld, auf dem Pfingstberg. Der Pfingstbergsee ist ein etwa 4 Hektar großes ehemaliges Baggerloch. Die tiefste Stelle erreicht ungefähr 14 Meter, im Durchschnitt sind es 7 Meter. Der See schläft hier im Dickicht wie eine kleine, verborgene Schönheit.

Beim Umrunden des Weihers erinnert das Panorama an die beiden Filmfiguren „Die Schöne und das Biest": Hochspannungsmasten, die das wuchernde Grün durchbrechen. Durch sie wird der Pfingstbergweiher aber kein bisschen weniger schön. Im Gegenteil! Es ist, als würden sie seine Anmut sogar noch unterstreichen. Vor dem Hintergrund, dass hier in unmittelbarer Nähe Hunderttausende von Mannheimern ihr Zuhause haben, wird das kleine, wilde Gewässer zum Schatz wie aus einem Märchen. Ein Juwel für Spaziergänger, Hundebesitzer, Jogger und Angler. Ab und zu rudert ein Angler inmitten des Sees auf einem kleinen Holzboot. Hier frönt er seiner Leidenschaft, fängt Zander, Hecht und Karpfen, ungeachtet der tosenden umliegenden Straßen, die man am Ufer noch gut hören kann. Das Biotop ist ein Paradies für Wasservögel, die sich sorgenfrei in der Uferböschung niedergelassen haben, wie zum Beispiel der Teichrohrsänger. Pappeln und Weiden schenken viel Schatten und geben der Natur und ihren Genießern Schutz vor der Hitze. Manche von ihnen strecken ihre Köpfe ins Wasser, als würden sie Haare waschen. Draußenzeit wird für die einen zum Ausgleichsort, für die anderen zum Alltagsabenteuer.

Wie lange eine Umrundung dauert? Wahrscheinlich genau so lange, bis man mit seinen Gedanken wieder ganz bei der Schönheit des Lebens angekommen ist und die Füße wieder Kontakt zum knirschenden Kiesboden haben.

- Pfingstbergweiher, 68219 Mannheim
- ÖPNV: Bus 40, Haltestelle Hallenweg; diverse Linien, Haltestelle Mannheim-Seckenheim (ca. 900 Meter Fußweg)

Belächelt werden

49 Laufsteg mit Aussicht Hans-Reschke-Ufer

Lässt man die sorgsam gefegten Straßen und adretten Vorgärten des Paul-Martin-Ufers hinter sich, wandelt man auf aussichtsstarken Pfaden, immer am Neckar entlang. Neuostheim wurde ab 1900 zuerst als reines Villenviertel planmäßig neu angelegt. Die beeindruckenden Villen strahlen mit ihren blank gewienerten Fenstern und Fassaden. Ob oben auf dem Deich mit dem asphaltierten Radweg oder unten auf den Wiesen – aus beiden Blickwinkeln kann man am Hans-Reschke-Ufer die Augen lange im Grünen baden. Der von Pappeln gesäumte Fuß- und Radweg ist bei Joggern und Inlinern wegen seiner umwerfenden Aussicht äußerst beliebt. An sonnigen Tagen kann man hier haufenweise Lächeln aus glücklichen Gesichtern einsammeln. Man bekommt selbst das Grinsen gar nicht mehr aus dem Gesicht. Die alte Riedbahnbrücke überstrahlt alles mit ihrem leuchtenden Blau und ist als Rahmen für den Fernmeldeturm ein unfassbar schönes Fotomotiv. Hinter sorgsam angeordneten Karos die Sonne über der Stadt versinken zu sehen, ist ein ganz besonderes Highlight. Wenn die Kastanienbäume entlang des Radweges rot oder weiß blühen, läuft das Herz über von so viel Farbe, so viel Frucht und Fülle. Auf der linken Seite passiert man einige Sportanlagen und den Luisenpark. Sogar das Dach des im chinesischen Stil gebauten Teehauses lugt durch das Gebüsch. Der eindeutig größte und prominenteste Anwohner hier ist das majestätische Mannheimer Wahrzeichen, das sich mit 217,8 Metern grauem Stahlbeton gen Mannheimhimmel reckt: der Fernmeldeturm, immer noch einer der höchsten in Deutschland. An seinem Fuß lässt es sich prima die Stufen hinunter Richtung Wasser schlendern. Unten am Anlegesteg wandert der Blick zum Maruba gegenüber und streift dabei die unzähligen verliebten Schwäne, die das Heimatherz höherschlagen lassen. Hier wirkt Mannheim wie das Paradies auf Erden. Zufriedenheit macht sich breit. Wo die wohl herkommt? Vielleicht hat sie eine der Nilgänse mitgebracht, die hier glücklich über die Wiesen stolzieren.

TIPP

Im Sommer unbedingt bis zum Neckarstrand weitergehen und einen Cocktail im Liegestuhl genießen!

- Hans-Reschke-Ufer, 68165 Mannheim
- ÖPNV: Straßenbahn 5, Haltestelle Fernmeldeturm; Straßenbahn 6, 9, Bus 62, Haltestelle Luisenpark/Technoseum (ca. 1 Kilometer Fußweg)

Blühende Army-Kasernen

50 Das BUGA 23-Gelände auf Spinelli

Dieser Ort ist neu. In jahrelanger, sorgsamer Arbeit erschaffen für das Mega-Ereignis, das Mannheim zum grünen Paradebeispiel macht: das Bundesgartenschau-Gelände für die BUGA 23 auf den einstigen Spinelli Barracks, dem ehemaligen Kasernengelände im Nordosten Mannheims. Mehr als 62 Hektar Fläche des Spinelli-Geländes wurden für das Großereignis entsiegelt und komplett neu gestaltet. So wurden zum Beispiel alte US-Army-Gebäude abgerissen, andere saniert oder renoviert und in das Ausstellungskonzept mit eingebunden. Ihr einzigartiger Charme ist dabei auf jeden Fall erhalten geblieben. 2023 Zukunftsbäume, die Mannheim auch nach der BUGA bereichern werden, wurden für ein besseres Klima angepflanzt.

Eine 2 Kilometer lange Seilbahn bringt die Besucher während der BUGA 23 vom Luisenpark, der ebenfalls Teil der Ausstellung ist, über den Neckar direkt auf das blühende Gelände und wieder zurück. Im Zentrum des riesigen Areals fasziniert die sogenannte U-Halle, die wegen ihrer U-Form so heißt und der United States Army zuvor als Lagerort diente. Sie ist umgeben von Teppichen aus Blumen, Bäumen und exotischen Pflanzen aus allen Winkeln der Welt.

Das Gelände ist zur BUGA nicht nur Ausstellungsgelände, es ist auch ein Experimentierfeld für Forschungsprojekte, die sich mit der Frage beschäftigen, wie ressourcenschonendes, klimafreundliches Wachstum aussehen kann. Hier entstehen neue, grüne Ideen für die Zukunft unserer Städte. Für einen fantastischen Abend einfach kostenlos die untergehende Sonne auf dem einzigartigen, spektakulären Panoramasteg genießen und den Blick über das Augewässer wandern lassen. Das Zirpen der Grillen tönt über die scheinbar endlose grüne Weite, die sich vor den Blick auf die Stadt schiebt. Das Gelände ist Teil des Grünzugs Nordost, in dem sich 230 Hektar Grünflächen Mannheims zu einem riesigen Naturteppich vereinen und für angenehm frische Luft in der Stadt sorgen.

- BUGA 23-Gelände, Spinelliplatz 4, 68259 Mannheim, www.buga23.de (Anreise mit der Seilbahn aus dem Luisenpark)
- ÖPNV: Straßenbahn 7, Bus 50, Haltestelle Talstraße (ca. 1,4 Kilometer Fußweg)

Magische Tongrubenromantik

51 Grüne Strände in Backofen-Riedwiesen

Die Firma Rhenus Logistics ist Ausgangspunkt dieser Reise zu romantischen Plätzen und unberührten Wiesen. Beim Restaurant Heimat im Rheinauhafen könnte man parken und später noch zum Schlemmen einkehren. Backofen-Riedwiesen ist das zweitgrößte Naturschutzgebiet in Baden-Württemberg und erstreckt sich zwischen Mannheim, Schwetzingen, Brühl und Ketsch. Der Name stammt von seiner früheren Nutzung der Tongewinnung, weil Ton nach der Verarbeitung im Backofen gefestigt wird. Heute steht in den Tongruben Wasser, und es tummeln sich unzählige Tiere und Pflanzen.

Während man entlang der grünen Wiesen streift, lockt ein bläuliches Funkeln den Blick durch das Dickicht an den Fluss. Kleine Pfade geben die Sicht frei auf Stege und Boote wie in einem kleinen Nordseehafen. Lustig schaukeln die Äste der altehrwürdigen Bäume mit den Spiegelungen um die Wette. Ein Meer von Muscheln erinnert an Strände in der Ferne. Man kann fast spüren, wie die steife Brise durch die Haare weht. Beim Blick weit über die natürlichen Seitenarme des Rheins beginnt die Fantasie, zu fliegen. Hinter jedem Baum könnte sich ein Fabelwesen verstecken, das in sein verwunschenes Auenland einlädt. Warme, weiche Um-mich-herum-Geborgenheit, sogar im Winter.

Man könnte fast weinen vor Verzückung, welche Gedichte die Natur mit all ihren Farben formt. Die schaukelnden Boote nehmen jede kleine Welle mit stoischer Gelassenheit oder spielen mit ihr Fangen. Ist es nicht das, was das Leben so schön macht? Das Leben als ein großes Spiel verstehen und spielen? Dort hinten qualmen die Schornsteine des Hafens gelassen vor sich hin. Auf kleinen Pfaden geht man weiter, über 1 Kilometer, vorbei an sonnigen Wiesen und unter alten, urwüchsigen Bäumen bis zum Rheinstrand. Atemberaubend schön ist dieser magische Ort. Beruhigend, wie der Sonnenuntergang sich im Rheinwasser spiegelt, jetzt, wo man sich auf einem der großen Felsblöcke niedergelassen hat. Bleibenwollen im neuen Draußenzuhause.

- Naturschutzgebiet Backofen-Riedwiesen, Zugang beim Restaurant Heimat, Antwerpener Straße 42, 68219 Mannheim
- ÖPNV: Bus 48, Haltestelle Antwerpener Straße (ca. 250 Meter Fußweg)

Laue Fluss-Sommernächte

52

Zwischendurch-Urlaub am Neckarstrand Mannheim

Im Liegestuhl am Neckar-Sandstrand fläzen und zusehen, wie die Schwäne in bedächtiger Gelassenheit vorbeigleiten? Die Sorgen im Sand verbuddeln und mit Freunden das Leben feiern? Dazu muss man nicht in die Ferne schweifen. Wenn es bis zum nächsten Urlaub noch dauert, kann man einfach mal eine kleine Zwischenerholung inmitten von Grün am Neckarstrand einfügen. Ob in der Mittagspause, abends oder nachts – wer eine Auszeit sucht, wird hier fündig. In der 1500 Quadratmeter großen Strandbar lässt sich im Sommer nämlich hervorragend urlauben. Überall ist Liebe. Die Liebe zum Leben. Die Liebe zu guten Gesprächen. Die Liebe zu leckeren Cocktails.
Wenn die Sonne hinter der Kurpfalzbrücke versinkt, wird das Gemurmel am Sandstrand plötzlich lauter. Dann erhellen nur noch die Illumination der Skyline sowie die Fackeln und Lichterketten der Bar den Mannheimer Nachthimmel. Hunde bekommen eine Extraportion Wasser und buddeln Löcher am Ufer. Hier kommt man im legeren Chill-Outfit – Sandalen sind Pflicht und lassen müde Füße frei, sodass sich die Zehen in den Sand graben können. Das fühlt sich sofort wie Urlaub an.
Der etwas groteske Ausblick auf die braunen Hochhäuser der gegenüberliegenden Neckarpromenade verwandelt sich in exklusives Erste-Reihe-Skyline-Viewing, sobald die Dunkelheit den Neckarstrand einhüllt. Musik tönt von überall, man lässt sich von ihr hinwegtragen, weit weg vom Alltag, an einen Ort, wo die Sonne immer scheint und es keine Verpflichtungen gibt. Bali-Schirme in bunten Sommerfarben schützen die Pina Coladas und Erdbeer-Daiquiris vor Sonne und Regen. Manche relaxen vergnügt auf einer der Couches. Wer hier nicht runterkommt und abschaltet, der wird es vermutlich auch im Urlaub nicht schaffen. Überall ist Lachen, Austausch, Liebe. Es duftet nach Süden und nach Pizza. Magische Sommernächte finden genau hier statt. Wenn man dem vorbeifahrenden Transportschiff aus den Niederlanden mit dem Caipi zuprostet und der Captain zurückwinkt, ist der Abend sowieso gerettet.

- Neckarstrand Mannheim, Cahn-Garnier-Ufer, 68161 Mannheim
www.neckarstrand-mannheim.de
- ÖPNV: diverse Linien, Haltestelle Kurpfalzbrücke (ca. 300 Meter Fußweg)

Mehr Grün geht nicht

53 Sportliche Aussichten im Unteren Luisenpark

Manchmal muss es einfach mehr sein: mehr Grün, mehr Platz, mehr Entspannung. Wenn es trotzdem stadtnah sein soll, bietet sich der schönste kostenlose Park Mannheims an: der Untere Luisenpark. Er ist ein Gartendenkmal vom Ende des 19. Jahrhunderts im Stil eines englischen Landschaftsparks und im Gegensatz zu seinem großen Bruder, dem Luisenpark, frei zugänglich. Egal, von welcher Seite man ihn betritt, man wird magisch angezogen von unzähligen Blumen und glücklichen Vögeln, die aus jedem Baum einen Konzertsaal machen. Am schönstes ist es, wenn der Herbst unter blauem Himmel bunte Blätterteppiche zaubert.

Nur ein Hügel zeugt noch vom alten Planetarium, das hier mal stand; es war eines der ersten der Welt. Wie viele verschiedene Bäume auf einem Fleck kann es eigentlich geben? Sommerlinde, Feldahorn, chinesische Feige … staunend geht man an dieser Vielfalt der Natur vorbei, ohne vermutlich alle Baumnamen zu kennen. Einfach herrlich, im variantenreichen Blätterrausch zu versinken. Manche Stämme sind so dick, dass man sie nicht einmal umarmen könnte. Lässt man sich auf die Wiese plumpsen, bleibt der Blick wahrscheinlich wie so oft am majestätischen Fernsehturm hängen. Fasziniert verfolgt man ihn mit den Augen in schwindelerregende Höhen. Vögel kreuzen den Blick und vollführen elegante Flugkunststücke über den weitläufigen Rasen. Unter riesigen Bäumen findet man Schatten und Ruhe und verweilt vermutlich so lange, bis die Laternen abends angehen, ohne zu bemerken, wie schnell die Zeit vergangen ist.

TIPP

Bei „Sport im Park“: Vollmondyoga unter dem Sternenhimmel – einfach unvergesslich!

Der Park ist ein Paradies für Outdoorsportler, ob auf den Sportgeräten oder beim „Sport im Park“. Wer überhaupt keine Motivation hat, sich allein zu bewegen, sollte sich das unbedingt ansehen. Von April bis Oktober gibt es ein vielseitiges Angebot für alle, und das komplett kostenlos. So kann jeder aktiv am Sommer teilnehmen – und dabei auch noch gut aussehen. Wundervolle grüne Aussichten inklusive!

- Unterer Luisenpark, Bassermannstraße, 68165 Mannheim
- ÖPNV: Straßenbahn 5, Haltestelle Lessingstraße; Bus 62, Haltestelle Lanzvilla

Treffpunkt zweier Welten

54 Platz an der Segler-Vereinigung Diffenébrücke

Es gibt einen Ort, von dem die wenigsten Mannheimer wissen. Eine kleine Perle, unscheinbar, am Rande einer viel befahrenen Verkehrsachse, an der viele sicher schon einmal unbemerkt vorbeigekommen sind. Er liegt im geschäftigen Industriegebiet im Hafen, an der Diffenéstraße, die ihren knallroten Höhepunkt in der eleganten Diffenébrücke findet. Am alten, verlassenen Kiosk, vor dem nur ein kleiner Kiesparkplatz auf diesen faszinierenden Aussichtspunkt hinweist, hält man neugierig verstohlen an. Noch ein paar Schritte durch Staub und Unkraut, dann der Schatz: Das Wasser schimmert je nach Tageslicht türkis, grün, indigoblau. Hinten der Straßenlärm, vorne ein Paradies für Segler, Bienen und Pausemacher.

Das strahlende Blau des Geländers, das Richtung Holzsteg führt, erinnert an Urlaub auf einer griechischen Insel. Der Steg selbst an ein sommerliches Ostseepanorama. Bunte Boote schaukeln verträumt auf dem Wasser. Gegenüber spiegeln sich die blank gewienerten Fenster der neu gebauten Häuser im Rhein. Während ringsherum die Geschäftigkeit des Hafens pulsiert, kommt man auf einem der Steine zur Ruhe. Im Sommer sirrt die Hitze über den blühenden Disteln, während Bienen ihren Lebensraum gestalten. Zwei Welten, die unterschiedlicher nicht sein könnten, begegnen sich.

Der Ort wirkt wie die Grenze zu einem Land, das hier nicht hingehört. Wildes, naturbelassenes Ufer trifft auf modernste Produktionsanlagen. Der altehrwürdige Wasserturm des Luzenbergs mit der Luzenbergschule erinnert an alte Zeiten. Eine schicke, architektonisch aufregende Neubausiedlung namens JOY, bringt Neues ins Blickfeld. Es wirkt wie ein Mix aus purem Zufall und durchdachter Bildkomposition. Hier kann alles in Herzen passieren – und nichts. Inmitten von wild wachsendem Grün blühen die Gedanken, bis sie wie eine Flaschenpost im Altrhein versinken. Herausfinden, was die Magie dieses Ortes ist, kann jeder für sich selbst – zu jeder Jahreszeit neu. Und am besten allein mit einer Picknickstulle.

- Platz an der Segler-Vereinigung Mannheim e.V., Diffenéstraße 12A, 68169 Mannheim
- ÖPNV: Bus 53, 58, Haltestelle Bastion; diverse Linien, Haltestelle Luzenberg (ca. 500 Meter Fußweg)

DORDRECHT

Vom Dichten und Denken

55 Platz der Genies: Schillerplatz

Der versteckte Platz mit diesem prächtigen Namen ist eigentlich ein Park und kein Platz. Einer, der mit seinem urbanen Grünangebot fast das gesamte Quadrat B3 einnimmt. Das heißt: Er ist mitten in der Stadt, nur einen Steinwurf vom Einkaufsbummelvolk und den dröhnenden Fahrzeugmotoren entfernt. Genauer gesagt, ist es der Vorplatz von dem Platz, auf dem früher einmal das Mannheimer Hof- und Nationaltheater stand. Es hielt ein hohes künstlerisches Niveau und war Anziehungspunkt für die geistige Elite Europas. Kurfürst Karl Theodor hat das Theater dort 1778 eröffnet und seiner bisherigen Residenz Mannheim zum Abschied geschenkt. Es wird erzählt, dass das Mannheimer Nationaltheater am 13. Januar 1782 bei der Uraufführung der „Räuber" von Schiller einem Tollhaus geglichen habe. Dieses Ereignis machte den damals eher unbekannten Friedrich Schiller über Nacht berühmt. Er blieb zwar nicht sehr lange in Mannheim, aber die Stadt hat ihn sehr geprägt.

Wer sich hierher in die Nähe der Jesuitenkirche verläuft, entdeckt eine grüne Perle mit studentischem Flair. Locker-leichtes Leben mit ganz wenig Sorgen, aber umso mehr Kreativität entspannt sich in den aufgestellten Liegestühlen. Wegen der Nähe zur Universität ist der Park vor allem bei Studenten zum Pausemachen oder Lernen beliebt. Zu jeder Jahreszeit zeigt er dabei ein anderes faszinierendes Gesicht. Wenn alles blüht oder auch wenn der Winter die Bäume entblättert hat – die Ruhe und Gelassenheit bleiben immer hier. Mit dem malerischen Blick auf die wunderschöne Jesuitenkirche kann man auch hervorragend innovative Gedanken ordnen.

Der größte Denker, Schiller, wacht in Gestalt eines Denkmals aufmerksam über das Geschehen. Mit zahlreichen Cafés – und dem Reiss-Engelhorn-Museum direkt nebenan – ist der Schillerpark zudem jeden Tag und nicht nur am Wochenende ein beliebter grüner Ruhepol.

TIPP

Täglich frisch gebackenes Brot, Waffeln und Kuchen im Café Fräulein Schiller genießen!

- Schillerplatz, B 3, 68159 Mannheim
- ÖPNV: diverse Linien, Haltestelle Schloss; Bus 60, Haltestelle Mensa (je ca. 300 Meter Fußweg)

Das schönste Hobby der Welt

56 Pferdeparadies beim Bauern Karl

Ein Bauernhof in Mannheim? Ja, es gibt noch welche. Aber nur wenige sind so beeindruckend und bekannt wie dieser. Wenn beim Bauern Karl jedes Jahr im Herbst das Hoffest stattfindet, tummeln sich hier 1000 Leute und mehr am Tag. Geboten ist für jeden etwas: bodenständige Kulinarik, ein Strohballenlabyrinth, Ponyreiten und Schafscheren zum Zuschauen. Kichernde Kinder fahren mit dem Planwagen hinter dem Traktor die weiten Felder entlang und schreien dabei vor Glück – oder wegen der Schlaglöcher.

Es duftet nach Gülle und gleichzeitig nach frischen Waffeln mit Puderzucker. Kann man Heimat eigentlich riechen? Sagt man nicht, das Glück läge auf dem Rücken der Pferde? Hier könnte sich diese Vermutung live bestätigen. Nicht nur, dass allein der Anblick der majestätischen Tiere ausgleichend und beruhigend wirkt, auch die Pferde selbst können vor Glück wiehern, hier untergekommen zu sein. Bei Familie Karl haben sie nämlich keine Boxen, sondern einen Aktivstall. Nein, seit 2020 sogar zwei. Hier können Pferdebesitzer ihren Lieblingen ein Zuhause geben, sie jederzeit besuchen und mit ihnen ausreiten. Auch wenn sie dafür mal keine Zeit haben, geht es ihren vierbeinigen Gefährten hervorragend. Die sanften Geschöpfe bilden nämlich im Aktivstall eigene Freundschaften, so, wie es ihnen selbst gefällt. Außerdem sind sie rund um die Uhr auf einer Freifläche oder in der mit duftend warmem Waldboden bedeckten Liegehalle. Alle 5 bis 7 Wochen bekommen sie neue „Schuhe“ verpasst, dann kommt der Hufschmied zur Sprechstunde vorbei. Einen angenehmen Sonntagsspaziergang am Marderweg entlang durch den Dossenwald schlendern, um beim Spanischen Biergarten zu schmausen, und später die Fellfreunde auf dem Bauernhof besuchen – ein Nachmittag voll Heimatglück.

Wenn man sieht, wie sie beim Bauern Karl genüsslich aus ihren Futterautomaten fressen, weiß man wieder, warum jeder irgendwie Pferde mag. Sie sind eine Inspiration zum Glücklichsein.

● Bauer Karl, Marderweg 60, 68229 Mannheim, Tel. (01 73) 8 82 86 27
www.bauerkarl.de

● ÖPNV: Bus 43, Haltestelle Alteichwaldsiedlung (ca. 1,2 Kilometer Fußweg); diverse Linien, Haltestelle Friedrichsfeld Südbahnhof (ca. 2 Kilometer Fußweg)

Das unbeschriebene Blatt

57 Grüner Korridor Parkau Neckarau

Eine breite grüne Schneise zieht sich quer durch Neckarau. Sie beginnt bei der Steubenstraße hinter dem Diakonissenkrankenhaus und zieht sich bis zur Schwarzwaldstraße und sogar noch einige Kilometer weiter bis zum Rhein. Überwältigend, wie Hainbuchen, Feldahörner, die kaukasische Flügelnuss und andere Bäume im Sommer hier ein geschlossenes Dach bauen, sodass man sich wie in einem geheimen grünen Korridor fühlt. Es ist, als werfen sie schützend ihre Arme über die Spaziergänger. Als wäre man in einer Art Draußenwohnzimmer. Wandelndes Entspannen in der Grün-Geborgenheit.

Bei der Recherche zur Parkau ist eines seltsam: dass sie trotz ihrer Schönheit und imposanten Länge wenig bekannt ist. Selbst im Internet gibt es kaum Informationen zu ihr. Vielleicht wollte man sie ja auch ein bisschen geheim halten. Möglicherweise sollen weiterhin Verliebte in den Abendstunden hier ungestört flüsternd im Schein der Laternen spazieren gehen können. Vermutlich sprechen sie vom Glück. Vom Glück hinter haushohen Hecken. Schmieden Zukunftspläne, die im Moment noch keiner hören soll. Aber wer weiß – vielleicht singen die Vögel, die hier in den Wipfeln wohnen, diese Botschaften schon am nächsten Morgen an die Nächsten weiter. Oder kann man das Geheimnis irgendwo auf den verschlungenen Wegen für immer bewahren?

Es duftet hier romantisch nach Blüten und Gräsern, während man sich leicht in Tagträumereien verliert. Hinter den Gartenzäunen verbergen sich sorgsam blank gewienerte schicke Wohnhäuser mit kleinen charmanten Gartenhäuschen. Die Parkau führt auch direkt am Moll-Gymnasium vorbei, wo die Schüler sich über Pausen im Grünen freuen. Wo sie endet? Direkt am Strand. Aber selbst, wenn man dort am wunderschönen Rheinstrand ist, will man eigentlich fast schon wieder umdrehen und den schützenden grünen Gang zurückschlendern, sich verlieben unter dem Baldachin aus Grün.

- Parkau, Höhe Moll-Gymnasium, Feldbergstraße 16, 68163 Mannheim
- ÖPNV: Bus 63E, Haltestelle Moll-Gymnasium; Straßenbahn 3, Haltestelle Franz-Sigel-Straße (je ca. 400 Meter Fußweg)

Mit den Störchen träumen

58 Zeit vergessen auf der Neckarwiese Seckenheim

Verlässt man den idyllischen alten Ortskern Seckenheims an der Kehler Straße hinter dem barocken Alten Rathaus von 1718, landet man direkt im Meer aus Grün. Ob auf dem gut ausgebauten geteerten Weg oder auf dem Trampelpfad durch die Wildnis. Gibt es eigentlich einen Grund, allein am Neckar spazieren zu gehen? Auf jeden Fall! Runterkommen zum Beispiel. Sich selbst begegnen. Einfach mal das Handy ausschalten und für niemanden erreichbar sein. Sich in den duftenden Wiesen träumend verlieren. Die Zeit anhalten, als ob es den morgigen Tag gar nicht gäbe.
Rechts herum kommt man zum wunderschönen Seckenheimer Schloss. Links entlang beginnt eine Wanderung, die man bis zur Kurpfalzbrücke in der Innenstadt gehen kann – wenn man bereit ist für ein Abenteuer. Es führt durch die Prärie aus wogenden tauglitzernden Gräsern am Neckar entlang. Hunde spielen im mannshohen Gras Verstecken. Vor allem im Sommer lässt sich hier, abseits der beliebten Badestrände der Stadt, viel mehr Stille und Paradies ergattern als an den Hotspots. Einfach die marschmüden Füße in den kleinen Buchten ins Wasser strecken und sich vom leisen Gurgeln des Neckars in den Dämmerschlaf begleiten lassen. Was war gleich das Ziel? Es spielt überhaupt keine Rolle. Jetzt ist es gerade das hier.
Überall quakt und plätschert es leise. Diese Wiesen sind mehrmals im Jahr überschwemmt, wann immer dem Fluss sein Bett zu eng wird – und deshalb so nahrhaft. Die unzähligen Pappeln lieben das hier. Man erkennt sie daran, dass sie wegen ihres großen Durstes immer nahe am Wasser wachsen. Wer vor Verzückung nicht vergisst, sich mal umzudrehen, kann das Panorama der sanften Hügelketten des Odenwalds und den Königstuhl bestaunen. Pfeilschnell hüpfen ein paar Häschen vorbei und verschwinden in den Feldern. Manchmal watet ein Storch durchs Gras. Auf der gegenüberliegenden Ufermauer reihen sich im Sommer all die Genießer aneinander, die sich bei Eis Leone in Ilvesheim eine süße Abkühlung gegönnt haben. Glück in Reinkultur.

- Neckarwiese Seckenheim, Zugang über Kehler Straße, 68239 Mannheim
- ÖPNV: Straßenbahn 5, Bus 40, 43, 44, Haltestelle Seckenheim Rathaus

Barocke Perfektion

59 Wasserturmanlage Friedrichsplatz

Wer Mannheims bekanntestes Wahrzeichen, den Wasserturm, zum ersten Mal besucht, wird seinen Augen nicht trauen. Von allen Seiten wird der alte Herr von einer traumhaften grünen Oase umgarnt. Der Plan war schon 1885, den Friedrichsplatz zu einem der schönsten Plätze der Welt auszubauen. Er ist aufgegangen!
Nachdem 1907 das Maritim Hotel Mannheim und die Festhalle Rosengarten errichtet waren, erhielt der Platz ungefähr sein heutiges Aussehen. Bei der Bombardierung Mannheims im Zweiten Weltkrieg wurden der Wasserturm und der Bereich des Friedrichsplatzes schwer beschädigt. 1964 wurde alles wiederaufgebaut. Zum Glück! Das Tor zur Innenstadt in direktem Anschluss an die breite Allee Augustaanlage empfängt jeden aus östlicher Richtung mit seiner prunkvollen Schönheit und hinterlässt einen unvergesslichen ersten Eindruck. Seine barocke Anmut ist überwältigend aufgeräumt. Die faszinierende Symmetrie der gärtnerischen Anlage ist einem französischen Garten nachempfunden. Die Gebäude außen herum bilden zusammen mit dem Friedrichsplatz ein Jugendstil-Ensemble, perfekt harmonisch aufeinander abgestimmt wie ein deliziöses Mehrgänge-Menü. Eine perfekte Fotokulisse. Im Mittelpunkt stehen der Wasserturm und die wechselnden sprudelnden Fontänen, die lebenslustig im Takt der Stadt auf und ab tanzen. Besonders bei Nacht lässt der Anblick der beleuchteten Wasserspiele Besucherherzen höherschlagen. An der Wassertreppe lädt eine efeubepflanzte Pergola mit Blick auf die Wasserflächen zum Ausruhen ein. Einfach mal mit dem Plätschern seinen Gedanken nachhängen, zum Beispiel in der Mittagspause. Überall blühen Blumen, Städter aller Couleur tollen glücksberauscht über die Wiesen und Wege.
Abends ist das Arrangement ein besonders beliebter Anziehungspunkt, wenn die großen alten Kandelaber angehen und die Szenerie langsam in romantisches Licht tauchen. Am liebsten würde man hier für immer sitzen bleiben und die berühmten langen Mannheimer Nächte genießen.

- Wasserturm, Friedrichsplatz, 68165 Mannheim
- ÖPNV: diverse Linien, Haltestelle Wasserturm

Andacht im Grünen

60

Ehrfürchtige Einkehr in die Windsoranlage

Nur das ultralaute Kirchturmgeläut der Bonifatiuskirche übertönt das Tosen der stark befahrenen B38, die direkt am Park vorbeiführt. Die Kirche ist nicht nur durch die Glocken hier im Park nahe der Turley Barracks präsent, sondern fängt mit ihrem majestätischen Aussehen auch den Blick hinter den Zweigen ein. Diejenigen, die Antworten auf ihre Fragen nicht im Gotteshaus suchen, finden sie vielleicht hier draußen, auf einer der einladenden Bänke. In jedem Fall bietet das Grün ringsherum genügend Möglichkeiten zur Einkehr in die eigene Gefühls- und Gedankenwelt.

Die Windsoranlage ist ein kleiner Park in der Neckarstadt-Ost, direkt beim ehemaligen US-Militärgelände der Turley Barracks (1947–2007), das kürzlich zu einem modernen, aber denkmalgeschützten neuen Stadtquartier zum Leben und Arbeiten mit einer weiteren Grünfläche umgewandelt wurde. Die Anlage ist nach Mannheims Partnerstadt Windsor in Kanada benannt. Seit 1980 sind die beiden Städte partnerschaftlich verbunden und im regen Austausch.

Von der Straße aus ist dieser grüne Schatz kaum zu vermuten. Man muss schon wissen, wo man ihn findet. Und damit nicht genug: Darin sind sogar echte Schätze. Wer findet den gut verborgenen Geocache? Kinder können unbesorgt frei herumspringen, weil der Park überschaubar ist und doch durch Hecken vor den Blicken seitens der Straße schützt. Singend binden die Kleinen Blumenkränze aus Gänseblümchen oder verstecken sich voreinander im dichten Gebüsch. Wenn der letzte Ton der Kirchenglocken verstummt, wird es leise im Park. Man hört nur noch das Zwitschern der Vögel und die Kinderrufe auf dem Spielplatz. Alles um einen herum versinkt in anregendem Grün. Jeder Muskel im Körper entspannt sich. Wo möchtest du sein? Wer möchtest du sein? Alles scheint hier möglich. Nach der grünen Andacht fühlt man sich wie neu geboren. Frischluftbetankt und geerdet kann man nun wieder zurück in die Stadt kehren.

- Windsoranlage, 68167 Mannheim
- ÖPNV: Straßenbahn 4, 4A, 5, 5A, Bus 61, Haltestelle Bonifatiuskirche

Wo der Rhein Italien küsst

61

Historischer Urlaubsort – Strandbad Mannheim

Das Mannheimer Strandbad ist einfach ein grüner Glücksort – mitten im wilden Waldpark, wo das Licht mit den Enten um die Wette schwimmt, wo der Rhein sich ausbreitet und die Menschen an heißen Tagen auf seiner Reise mitnimmt, nur ein kleines Stück. Hier am Strand warten sie, die Momente des Glücks. Weit hinten sieht man schon die Beladekräne des Hafens, aber auf den Wiesen unter den Weiden liegen sonnenhungrige Städter in der Sonne, werfen Kinder lachend Steine ins Wasser. Fingerkraut wuchert zwischen den Kieseln, und man kann sich, wie viele verliebte Pärchen, einfach auf eine bunte Decke plumpsen lassen. Vom Gefühl her könnte man auch irgendwo im Sommerurlaub sein, Kroatien vielleicht oder Italien. Und dafür war das Strandbad ja eigentlich auch einmal gebaut worden. Der kostenlose Badestrand für die flussliebende Mannheimer Bevölkerung ist ein Stückchen Paradies für den Miniurlaub zwischendurch.

Beim Entlangschlendern am Ufer fühlt man sich mindestens so entschleunig wie in den Ländern der Sehnsucht. An einem sehr heißen Tag, dem 21. August 1932, waren schon 40.000 Besucher im Strandbad, die meisten kamen damals per Boot oder Fahrrad. Nach dem Zweiten Weltkrieg dauerte es eine ganze Weile, bis 1949 das verwüstete Strandbad wiedereröffnet wurde. Die vielen Händler an den Verkaufsständen boten damals einfach alles an, von der Badehose bis zur Parfümflasche. Während man hier mit seiner vom Italiener geholten Pizza im Klappstuhl relaxt, kann man sich das richtig gut vorstellen. Wegen der stärkeren wirtschaftlichen Nutzung des Rheins als Verkehrsader wurde in den Siebzigern das Baden verboten. Schon damals hielten sich nicht unbedingt alle daran.

Bei dieser Kulisse und dem authentischen Strandgefühl kann man auch schon mal vergessen, dass man eigentlich in der Stadt ist.

TIPP

Unbedingt den Sonnenuntergang hier erleben!

- Strandbad Mannheim, Strandbadweg 1, 68199 Mannheim
www.strandbad-mannheim.de
- ÖPNV: Bus 49, Haltestelle Strandbad

Grüntaten für Draußenzeit

62 Bürgerliebe im Karl-Schweizer-Park

Mitten im Wohngebiet in Sandhofen, am Oppauer Kreuzweg, blitzt Grün durch die Straßen. Im Karl-Schweizer-Park laden Sommerlinden und Platanen zum Entschleunigen ein. Diese Tatsache ist unter anderem dem Engagement einiger Bürger zu verdanken, die für sieben dieser Bäume vor Kurzem fleißig gespendet haben. Ein starker Sommersturm hatte 2014 elf alte Bäume umgeknickt, unter anderem die älteste und größte städtische Ulme.

Zum Glück bedeutet diese kleine schattige Oase den Anwohnern so viel, dass sie sich für ihren Erhalt und mehr Lebensqualität in Sandhofen eingesetzt haben. Das Mannheimer Projekt GRÜNTATEN hat übrigens zum Ziel, das Engagement der Bürger zu stärken und überall in der Stadt in Grün zu verwandeln. Seinen Namen verdankt der Park dem Vorsitzenden des Deutschen Roten Kreuzes, Karl Schweizer (1880–1964), der sich seinerzeit vielfältig für den Stadtteil engagiert hat. Am Kopfende des Parks regieren die Blumen, ein buntes Blütenrondell empfängt die Auszeitsucher. Der Duft der Kirschblüten weht im Frühjahr bis in die geöffneten Fenster der Häuser. Haben Blumen eigentlich eine Seele? Gefällt es ihnen, wo sie sind? Diesen hier ganz bestimmt! Sie sind nämlich in hervorragender Gesellschaft ihrer Artgenossen und haben nur eine einzige Aufgabe: den Vorbeischauenden mit Farben und Düften ein Lächeln auf die Lippen zu zaubern. Hier und da hüpfen Raben über die Wiese und krächzen vergnügt. Ordentlich führen die im Rechteck angelegten Wege ins gezielte Entschleunigen oder fokussierte Sinnieren über den Tag. Und wenn es Stillstand sein soll: Es gibt hier rundherum genügend Bänke, um sich zurückzuziehen und die Poesie des Moments zu genießen. Zum Beispiel wenn die Kirchenglocken läuten und man sich daran erinnert, dass man eigentlich alle Zeit der Welt hat, den Rest des Lebens bewusst zu erleben. Mit Blick auf die adretten Häuser Sandhofens ringsherum fragt man sich, wer da wohl wohnt, was die Menschen gerade tun, was sie glücklich macht und wovon sie träumen …

● Karl-Schweizer-Park, 68307 Mannheim
● ÖPNV: Bus 51, 52, 59, 83, Haltestelle Karl-Schweizer-Park; Straßenbahn 3, Haltestelle Sandhofen (ca. 600 Meter Fußweg)

Grünes Lebensuniversum

63 Biotop am Friedhof Wallstadt

Hinter den Mauern, wo Menschen ihre letzte Ruhe finden, gibt es ein kleines, geheimes Universum aus vielfältigem und überraschendem Leben. Hier fließt ein Bächlein, teils über und teils unter der Storchenstraße, und ergießt sich in ein grünes Paradies. Es ist nicht groß, aber dennoch von enormer Wichtigkeit für die Erhaltung der Arten und des Lebens in Mannheim.

Blaugrün schimmert das Wasser unter dem Blätterdach. Neugierig geht man immer weiter am Bächlein entlang, neugierig darauf, was wohl dort hinter der nächsten Blätterkrone steckt. Schilfgras schützt die Tierwelt vor neugierigen Blicken, doch hin und wieder erhascht man einen Blick auf ein vorbeipaddelndes Entlein, das feierlich demonstriert, wie paradiesisch sein Zuhause hier ist. Zwischen den Blättern sonnen sich Mehlschwalben und Mauersegler, Feldmäuse huschen emsig durch die Grashalme. Sie bewundern einen mindestens genauso verdutzt, wie man ihnen beim Vorbeigehen nachschaut. Hier wird man Zeuge einer Welt, die immer stattfindet, im Sommer wie im Winter, bei Regen, Schnee oder Sonnenschein. Leben entsteht und vergeht mitten unter uns. Dieser kleine, grüne Winkel, den man im Alltag beinahe übersieht, ist auf jeden Fall einen ganz bewussten Spaziergang wert. Gewinn: ganz viel Bodenhaftung, Verbindung zum Grünen und zum Leben.

Entlang der Felder gibt es nicht nur einen idyllischen Wohnort für Wallstadts Einwohner, sondern auch für viele seltene Tier- und Pflanzenarten. Taubentaucher, Zwergenten, Frösche und Fische vergnügen sich im Schutz des Grünen, das sich durch die friedlichen Häuserketten schlängelt. Hier hat man ihnen Raum gegeben, sich fortzupflanzen und in Frieden zu leben, Tür an Tür mit den Menschen. Ein winziger grüner Glücksort, den es absolut zu entdecken lohnt und den noch nicht einmal Google kennt!

- Friedhof Wallstadt, Wertheimer Straße 38, 68259 Mannheim
- ÖPNV: Bus 57, Haltestelle Wallstadt Friedhof

Das Stadtende in Türkis

64 Die NATO-Rampe in Kirschgartshausen

Im äußersten Nordwesten Baden-Württembergs führt durch einen kleinen Weiler der „Hohe Weg zum Rhein“, der scheinbar niemals endet. Prachtvoll ergießt sich die grüne Schönheit der Gegend um Kirschgartshausen an seinem Ende in Türkis und Blau. Am Straßenrand bringen einen verträumte Güter und Höfe beinahe ständig zum Staunen – oder sogar zum Anhalten. Etwa ein Dutzend zerstreut liegende Gebäude, einzelne bunte Tupfen in den Feldern. Kirschgartshausen, einer der kleinsten Stadtteile Mannheims, wirkt ein bisschen, als wäre hier die Zeit vor 100 Jahren einfach stehen geblieben.

Aber so ist es nicht: Südzucker betreibt auf einem Gelände eine Versuchsanstalt, in der die Themen alternativer Pflanzenschutz, Biodiversität und Digitalisierung der Landwirtschaft erforscht werden. In einigen der Scheunen hat sogar das Land Baden-Württemberg wichtige Bauteile historischer Gebäude verwahrt, wie Sandsteinteile des Heidelberger Schlosses. Außerdem errichtet der Dietrich-Bonhoeffer-Verein für christliche Pädagogik Mannheim hier ein Hofgut und eine Grundschule.

Die Straße endet an der ehemaligen NATO-Rampe zum Rhein. Hier übermannt ein unbändiges Gefühl von Weite und Endlosigkeit. Diese Ersatzübergangsstelle für eine Brücke war in Kirschgartshausen einst zur militärischen Verwendung im Verteidigungsfall gebaut worden. Heute hat sie keine Verwendung mehr. Dafür ist sie aber ein Mekka für verträumte Flussromantiker. Ein Grund ist die allumfassende Stille. Nur hier und da ein Krächzen und Jubilieren der Vogel-Anwohner, das Tuckern einer Landmaschine oder ein vorbeihuschendes Transportschiff. Das Plätschern der Wellen erzählt von den Reisen der Dieseltanker, die emsig rheinauf- und -abwärtsfahren. Möwen spielen Fangen mit den Fischen und den Schiffen. Hinter den Büschen haben es sich Angler gemütlich gemacht und genießen schweigend den Blick auf das gegenüberliegende Ufer. Mannheim könnte kaum ländlicher sein als hier. Fehlt eigentlich nur Michel aus Lönneberga.

● NATO-Rampe Kirschgartshausen, Der Hohe Weg zum Rhein, 68307 Mannheim
● ÖPNV: Bus 52, Kirschgartshausen (ca. 1,8 Kilometer Fußweg)

Grünes Idyll statt Müll

65 Strand am Fuße des Monte Scherbelino

Weit abseits jeder Straße, tief im Industriegebiet, verstecken sich ungeahnte grüne Schätze. Wo der Neckar sich mit dem Rhein vermischt, warten unter der Rheinbrücke Mannheims tiefste Geheimnisse darauf, entdeckt zu werden. Von der Straßenbahnhaltestelle Bürstadter Straße aus führt das Strandabenteuer über die Brücke auf die Friesenheimer Insel. Gäbe es für diese Schätze eine Schatzkarte, so führte die Route am Fuß des Monte Scherbelino entlang ins Industriegebiet an der Diffenéstraße. Der Name des Bergs klingt ziemlich glamourös für einen ehemaligen Müllberg, der wegen der dort deponierten Scherben so heißt. Vorbei an einem alten Ladekran führt der holprige Weg Richtung Wasser. Am gegenüberliegenden Ufer glitzert die Riedspitze in der Sonne. Traut man sich, ins Ungewisse hinabzusteigen, so findet man da unten das Paradies auf Erden. Vielleicht muss man auch zweimal hinschauen, um es wirklich glauben zu können. Ja, Mannheim hat tatsächlich Sandstrände, die aussehen wie aus einem Hochglanzreiseprospekt.

Wie an einer Perlenkette reihen sich viele kleine Sandbuchten am Rhein entlang aneinander. Während man die Füße, am besten barfuß, durch den weißen Sand gleiten lässt, entdeckt man gegenüber eine kleine natürliche Insel, auf die ohne Boot kein Weg zu führen scheint. Es ist einsam am Fuße des mit Grün überwucherten stadtbekannten Müllbergs. Darauf fanden früher sogar manchmal riesige legendäre Technopartys statt. In den Buchten kann man ungestörte Mußestunden verbringen. Eine ganz besondere private Wildnis lädt dazu ein, hier in aller Ruhe Antworten in der Natur zu finden. Antworten auf die großen Fragen des Lebens, mitten im Hafengebiet, und dennoch so weit draußen. Das Wasser tanzt blau und schwemmt in kleinen Wogen an den Strand. Kieselsteine und Muscheln verleihen dem Industriestrand einen unvorstellbar magischen Zauber. Am liebsten würde man ewig hier liegen, bis die Schwäne fort sind und die Kühle der Nacht sich sanft über die Buchten legt.

● Strand am Monte Scherbelino, Zugang über die Rheinbrücke, 68169 Mannheim ● ÖPNV: Bus 58, Haltestelle Muskatormühle (ca. 300 Meter Fußweg); Straßenbahn 3, Haltestelle Bürstadter Straße (ca. 750 Meter Fußweg)

Das Singen in der Stille

66 Vogelschutzpfad im Rheinauer Wald

Wer Lust auf Stille und erdende Erholung hat und gleichzeitig noch etwas über die Mannheimer Tierwelt erfahren möchte, sollte sich unbedingt den gut versteckten Vogellehrpfad im Rheinauer Wald im Südosten Mannheims ansehen. Zwischen Flaum-Eichen (die heißen wegen ihrer haarigen Blätter so) und Baumhaseln durch Korridore aus Licht führt der Weg vom Parkplatz Rothlochweg durch den Dossenwald. Vorbei am Spielplatz und der Grillhütte geht es entlang der Streuobstwiese über die Autobahnbrücke. Den Geruch des feuchten Waldbodens möchte man am liebsten einpacken, in den Jackentaschen verstauen und mit nach Hause nehmen. Die Heidelerche singt laut und melodisch, meistens befindet sie sich dabei im Sinkflug. Sie und der Ziegenmelker, zwei vom Aussterben bedrohte Vogelarten, brüten am Boden und sind nach vielen Jahren der Abwesenheit hierher in den Dossenwald zurückgekehrt. Ihr lautes Zwitschern übertönt mühelos den Alltagslärm im Kopf.

Unter dem Blätterdach lässt sich hervorragend der Geist im Waldrauschen baden. Hier kann man tief einatmen und die Seele baumeln lassen, um den Blick im Tanz der Zweige zu verlieren. Der Stresslevel sinkt mit jedem Schritt, und Gelassenheit stellt sich ein. Hinter dem großen Schild beginnt die Schlossallee der gefiederten Waldbewohner. Als Behausungen dienen viele kreative und unterschiedlich gestaltete Nistkästen. Die Stille wird laut hier, im Frühjahr und Sommer tönt überall Gesang. Ein nie endendes Ständchen aus Freude. Das Glück atmet unter Wurzeln, flüstert durch Herbstlaub, wenn es mit den Füßen aufgewirbelt wird. Rundherum Sandstrohblumen, Silbergras, Besenheide und auch die Graue Skabiose. Kiefern winken mit ihren Zweigen im Wind. Die Eidechsen sehen glücklich aus, wenn sie ihre glänzenden Körper auf dem Waldweg in der Sonne baden.

Jeder Schritt lässt die Waldluft tiefer in die Lungen strömen. Schilder erläutern dem neugierigen Spaziergänger, welcher gefiederte Freund hier sein Zuhause hat. Wer erkennt ihre Stimmen?

● Vogelschutzpfad Rheinau, 68219 Mannheim
● ÖPNV: diverse Linien, Haltestelle Rheinau Bahnhof (ca. 500 Meter Fußweg)

VOGELSCHUTZPFAD
VOGELPFAD RHEINAUER WALD

Sinnes-Grün zum Anfassen

67 Omas Gemüsebeet im Lehrgarten Lilienthalstraße

Versteckt liegt ein geheimer Garten in den Feldern zwischen Sandhofen und Schönau, als wolle er nur von besonderen Menschen gefunden werden. In diesem kleinen Paradies haben unzählige Blumen und Pflanzen wie blühende Artischockenbüsche und leuchtende Dahlien ihren großen Auftritt vor den jährlich mehr als 120 Schulklassen und Kindergärten, wenn sie das 25.000 Quadratmeter große Gelände in Beschlag nehmen. Sie ergänzen ihr theoretisches Naturkundewissen mit unwiderruflichen Eindrücken und erleben echte, mit allen Sinnen erlebbare Faszination. Sie erfahren, wo Speiseöl herkommt, oder lauschen dem „Lehrgarten-Imker" Wolfgang Blumtritt bei Führungen über den Bienenlehrpfad, entern den Naturerlebnispfad oder scharen sich um den zauberhaften Teich, in dem gefühlt 100 Frösche ein freudiges Lied im Kanon quaken. Daneben lernen sie die Grundlagen für achtsames, umweltbewusstes Handeln.

Der Garten ist aber auch in anderer Hinsicht ein großes Glück für Mannheim: Hier finden seit 30 Jahren Langzeitarbeitslose und beeinträchtigte Menschen eine erfüllende, sinnstiftende Tätigkeit. Erwachsene können mal aus dem Alltag ausbrechen. Je nach Jahreszeit gibt es zahlreiche Floristikkurse, und man bastelt kunstvolle Adventsgestecke oder Osterkränze. Manche genießen Künstlerauftritte, Lesungen und Heilkräuterführungen. Frau Dr. Reutter, die Leiterin des Gartenprojekts, findet, dass der Garten ein bisschen aussieht wie zu Omas Zeiten. Durch seine zauberhafte Unperfektheit erhält er diesen ganz eigenen Charme.

Ein Glück für kränkelnde Pflanzen, dass Pflanzendoktor Werner Meier-Büermann im Lehrgarten Sprechstunde hat und Ratschläge zur Behandlung sowie Tipps zu Aussaat, Pflanzung und Pflege gibt. Büroangestellte, Mitarbeiter der umliegenden Märkte, Lehrerinnen und Fabrikarbeiter – alle kommen sie gelegentlich hierher. Ein Sehnsuchtsort für viele. Haben Pflanzen eine Seele? Wenn man genau hinhört, hat jede einzelne eine ganz eigene Geschichte zu erzählen.

TIPP

Am Wochenende ist der Lehrgarten geschlossen.

- Zentraler Mannheimer Lehrgarten, Lilienthalstraße 60, 68307 Mannheim
- ÖPNV: Bus 50, Haltestelle Amselstraße; Straßenbahn 3, Haltestelle Sandhofen (ca. 900 Meter Fußweg)

Geschenke, die duften

68 Detailverliebt in der Blumenbinderei Seckenheim

Auf der Seckenheimer Hauptstraße kann man gedankenversunken an alten denkmalgeschützten Häuschen vorbeischlendern, eins hübscher als das andere. Niedliches Fachwerk, historische Mauern und Bauernhöfe – das ist Seckenheim, ein Vorort im Südosten Mannheims.
Auf einmal zieht ein zarter Duft die Vorbeiziehenden wie von Zauberhand in ein kleines Lädchen. Es ist der Traum von Anja Zegowitz. Ein kleiner Familienbetrieb, in dem alle mit anpacken, um ihren Kunden mit zauberhaften Bouquets und Dekoideen ein Lächeln ins Gesicht zu zaubern. Jeden Tag sucht sie auf dem Mannheimer Großmarkt die schönsten Pflanzen für ihre Kunden aus. In der Blumenbinderei landen viele verschiedene Blumen, immer passend zur Saison, Tannengestecke und Adventskränze zur Weihnachtszeit, im Sommer Beet- und Balkonpflanzen. Getrocknete Gräser und Blüten im Hygge-Style, die gerne auch in der Hochzeitsfloristik zum Einsatz kommen, sind ebenfalls zu finden. Das schönheitssuchende Auge stößt auf Vertrautes, aber auch immer auf etwas Neues, Außergewöhnliches. Das ist mal leuchtend roter Mohn, mal sind es französische Tulpen oder extravagante exotische Blüten. Ansonsten wird Regionalität bei Blumen oder kleinen Präsenten großgeschrieben. Gern nimmt man hier auch mal eine der Duftkerzen aus einer kleinen hessischen Manufaktur mit, die mit den Blumen um die Wette duften, wie die KLAR Seifen aus der ältesten Seifenmanufaktur in Plankstadt. Vielleicht aber auch eine Weizenkornkerze aus einer schweizerischen Behindertenwerkstätte.
Die eigentliche Verzauberung erfolgt aber beim Blumenbinden. Ob für sich oder als Geschenk – kunstvolle Kränze und Blumensträuße entstehen so, wie der Käufer es sich wünscht. Ein bisschen Überraschung ist natürlich immer dabei, weil die Blumenbinderei leidenschaftlich kreativ ist. So verlässt man den Laden immer ein bisschen reicher, als man ihn betreten hat.

● Blumenbinderei Seckenheim, Seckenheimer Hauptstraße 110, 68239 Mannheim
www.blumenbinderei-seckenheim.de
● ÖPNV: Straßenbahn 5, Bus 40, 43, 44, Haltestelle Seckenheim Rathaus

Verwunschener Märchenwald

69

Naturschutzgebiet „Bei der Silberpappel“

Hier, unweit des Neckarauer Strandbades, wähnt man sich weniger in Mannheim als vielmehr in einem Märchenwald. Im Süden des Waldparks, dem elfenbesetzen Wunderland, wohnt ein Baum, der schon sehr alt ist. Er könnte durchaus in einem dieser Märchen einst eine Hauptrolle gespielt haben. Ein Baum, der derart viel Charme und Charakter hat, dass er als Wahrzeichen bereits dreimal ersetzt wurde.
Auf dem Weg zu besagter Pappel durch verwunschene Auen ist man umgeben von Purpur-, Silber- und Mantelweiden. Wer Glück hat, sieht vielleicht einen Eisvogel oder auch eine Erdkröte. Diese kleinen Gesellen haben hier ein Paradies gefunden, das sie nur ungern mit den Menschen teilen. Im Naturschutzgebiet ist es daher auch nur an wenigen Stellen erlaubt, den Wald zu betreten. Die alte Silberpappel hängt die Arme und den abgeknickten Kopf altersschwer gebeugt ins Wasser des Rheins. Sie verstreut ihre Früchte an weit entfernte Orte. Von hier aus nimmt der Wind ihre Samen mit auf seine Reise und lässt an anderen Stränden wieder neues Leben erwachen. Leben, das bis zu 45 Meter hoch wächst und 300 oder 400 Jahre lang von der Zeit zeugt. Der Waldkauz ruft sich immer wieder in Erinnerung, weckt das Auenland sanft aus seinem Schlaf. Grün schimmern wilde Seitenarme des Rheins zwischen den Bäumen hindurch. Ihre Wasser ermächtigen sich regelmäßig der Auen hier. Die oft überschwemmten Ufer ermöglichen eine unvorstellbare Artenvielfalt. Geheimnisvolle Wege führen durch dichtes Gestrüpp über schaurig-schön knisterndes Laub. Je länger man die Trampelpfade entlangläuft, desto mehr formen sich die Pflanzen zu Figuren. Sie werden zu Gestalten aus Grün, sie sprechen mit dir, sie umarmen dich. Gedankenverloren verliebt man sich in das Grüne, atmet den Bärlauch im Mai. Ganz in der Nähe lädt ein kleines, gemütliches Restaurant zum Pausemachen ein: das Restaurant zur Silberpappel. Bis bald, Märchenwald.

● Naturschutzgebiet Bei der Silberpappel, Rosenstraße 101, 68199 Mannheim ● ÖPNV: Bus 49, Haltestelle Franzosenweg (ca. 800 Meter Fußweg); Straßenbahn 3, Haltestelle Stollenwörth (ca. 1,4 Kilometer Fußweg)

Abtauchen ins kühle Nass

70 Sportliches Gewässer: der Rheinauer See

Aufstehen und frühstücken mit Blick auf den schimmernden See, der im Wandel der Jahreszeiten ein immer neues Gesicht hat – ein Zauber, der viele hierherlockt. Man muss aber schon ein bisschen Glück haben, am Rheinauer See in einem dieser Traumhäuser mit Terrasse zum See wohnen zu können. Kein Wunder – besonders in den warmen Monaten zieht es viele an diesen Ort: ans Paradies der Wassersportler, Badefans und großen wie kleinen Wasserratten. Jeder genießt seine persönlichen Momente der Vollkommenheit.

Dass ein Teil des Sees Privateigentum ist, kümmert die abenteuerlustigen Enten und Schwäne wenig. Sie schnattern vergnügt, während sie auf den Wellen an den Fischlaichzonen entlanggleiten. Hier und da gluckert auch ein Taucher unter ihnen vorbei. Am nördlichen städtischen Teil darf sich jeder der Leichtigkeit des Seins hingeben. Angler genießen die Zeit bei ihrem liebsten Hobby mit Blick auf den See und hoffen auf das große Karpfenglück. Der Strand versprüht an Sommertagen Urlaubsfeeling. Die Hartgesottenen kommen aber auch im Januar zum Eisbaden und fühlen sich danach wieder quicklebendig.

Auf einer der Bänke lässt sich hervorragend beobachten, wie Wasserskifahrer elegant über die Wasseroberfläche gleiten und in gewagten Stunts die Welt in Staunen versetzen. Es muss sich wie Fliegen anfühlen, so über das Wasser zu gleiten. Es gibt sogar eine wahre Glückshormonmaschine in der Wakeboardschule: ein 7 Meter großes Wassertrampolin mit Katapult als Teil eines AquaFun-Parks. Auch cool: auf dem Stand-up-Paddleboard in den Sonnenuntergang paddeln. In acht Parzellen von circa 400 Quadratmeter Größe kann man seinen ganz privaten Strandurlaub machen. Sie sind jahresweise oder urlaubsweise zu mieten. Darüber hinaus gibt es eine schwimmende und fahrende Veranstaltungsinsel sowie eine Grillhütte für private Feiern. Einfach in eine andere Welt abtauchen, sowohl über als auch unter Wasser. Hier stellt sich nur eine Frage: Gleich reinhüpfen oder erst mal nur von der Beachbar aus gucken?

● Rheinauer See, Zugang zum Beispiel über Frobeniusstraße 22, 68219 Mannheim
● ÖPNV: Bus 47, 48, Haltestelle Chiemseestraße

Wo der Wind Bilder malt

71 Blumenfeld zum Selberschneiden in Seckenheim

Der Wind, der an der Seckenheimer Umgehungsstraße über unverbaute Felder wirbeln kann, wie er will, treibt einen außerhalb der Ortsteilmauern Seckenheims vorwärts. Hinter den Schutzmauern des familiären Vororts setzt Roter Mohn Farbakzente in das satte Grün. Störche rasten auf den Feldern. Die Landung erfolgt direkt auf einem Blumenteppich: ein Feld mit Blumen zum Selberschneiden. Am Kreisel Rastatter Straße leuchtet die bunte Pracht schon ab März den ganzen Sommer hindurch bis in den Herbst hinein. Mit viel Liebe hat ein Bauer hier einen Acker bepflanzt, um die müden Städteraugen zu erfreuen und unseren geflügelten und krabbelnden Freunden eine kleine Oase zu schaffen. Fröhlich strolchen Kinder mit ihren Vätern durch mannshohe Sonnenblumen, fassen glückliche Händchen nach Tulpenstengeln. Je nach Jahreszeit kann man hier – öffnungszeitenunabhängig – schnell noch Blumen für den Muttertag, den (fast) vergessenen Geburtstag oder Ostern selbst zusammenpflücken

Das Blumenmeer erfreut die Herzen der Jogger, Inlineskater, Familien und Sonntagsspaziergänger. Die Farbvielfalt ist riesig. Grün mischt sich mit Violett, leuchtendem Orange und sattem Rot. Narzissen, Tulpen oder Hyazinthen blühen im Frühjahr, im Sommer hat man hier das Gefühl, durch einen romantischen Bauerngarten zu wandeln, durch Gladiolen, Zinnien, Dahlien oder Kornblumen. Im Herbst wiegen majestätische Sonnenblumen ihre großen gelben Köpfe. Wenn man sich auf eines verlassen kann, dann darauf, dass das Glück hier jedes Jahr wieder blüht.

Manchmal kann man sogar Feldhamster beobachten, die hier ihr letztes verbleibendes Verbreitungsgebiet in Baden-Württemberg haben. Die Bezahlung der Blumen erfolgt per Münzeinwurf oder Handyzahlung auf Vertrauensbasis. Ein Relikt aus alten Zeiten. Aber was ist, wenn alle die Blumen einfach so mitnehmen? Keine Sorge. Hier ist die Welt noch in Ordnung. Weil alle wissen: Vertrauen muss belohnt werden. Besonders, wenn es so gut duftet.

- Blumenfeld Seckenheim, am Kreisel Rastatterstraße/Neuostheimer Straße, 68239 Mannheim
- ÖPNV: Bus 42, 46, Haltestelle Otto-Bauder-Sportanlagen (ca. 200 Meter Fußweg)

Im Grün baden

72 Wundervolle Wanderung am Neckarkanal Ilvesheim

Zwischen Mannheim und Ladenburg gibt es eine kleine Insel zwischen dem von Menschenhand gebauten Neckarkanal und dem alten, ursprünglichen Neckarlauf. Ilvesheim heißt die idyllische 9300-Einwohner-Gemeinde zwischen den Strömen. Ein bisschen wie Leben auf dem Grünstreifen. Oder in der Mitte. Welche Gemeinde kann schon behaupten, dass eine Schifffahrtstraße mitten durch sie hindurchführt?
Von Seckenheim aus, unterhalb der Straße, folgt ein dicht bewachsener Pfad dem ursprünglichen Neckarlauf in Richtung Kanal. Hier unten am Fluss herrscht ständiger Wandel. Täglich verändert das naturbelassene Ufer des Altneckars sein Gesicht. Die Böschung ist Wildnis. Überall gibt es kleine steinige Buchten, die Enten ein kuscheliges Zuhause bieten. Der Trampelpfad wird bald zum Weg. Am Rande stehen Mohnblumen, Brennnesseln und Buschwindröschen, die die Mauer in einen rosa Blütenvorhang hüllen. Beflügelt folgt man dem wilden, natürlichen Lauf, egal welche Biegungen und Schleifen er noch nehmen mag.
Dicht wie ein Wald halten Gräser zusammen, geben den Blick selten frei auf kleine Strände, sowohl auf dieser Seite als auch am gegenüberliegenden Neckarufer. Dazwischen kann alles sein – vom leisen Plätschern bis hin zu reißenden Fluten. Nach dem Regen duftet es nach Blüten und Holunder. Hier wird man sich in geschätzte 50 Grüntöne verlieben – oder sind es mehr? Die Kronen der Walnussbäume bilden den Vorhang, der das Schauspiel des Neckars neckisch verdeckt. Geht man auf der befestigten Straße den Weg weiter über die Landzunge, auf der kaum Autos fahren und man seinen Hund quasi ohne Bedenken vor die Tür schicken kann, ist der Blick weit. Dort hinten Richtung Stadt scheint der Neckar zu enden. Erstaunlich, wie die Bäume den Urgewalten des Wassers stoisch und eisern trotzen, sich dennoch dem Wandel irgendwie fügen und ihre Formen an den Fluss anpassen. Der Blick folgt zwei Schwänen, die Richtung Innenstadt paddeln. In welcher Bucht sie wohl zu Hause sind?

- Neckarkanal Ilvesheim, Zugang zum Beispiel beim Eiscafé Leone, Brückenstraße 1, 68549 Ilvesheim
- ÖPNV: Bus 625, Haltestelle Uferstraße; Straßenbahn 5, Bus 40, 43, 44, Haltestelle Seckenheim Rathaus (ca. 1 Kilometer Fußweg)

Blaubuntes Panorama

73 Das Rheinufer am stylischen Speicher 7

Weiter weg von der prahlerischen Schönheit der Rheinpromenade, an ihrem Ausläufer Richtung Stadt, setzen Touristenboote Flusskreuzfahrer in Scharen ab. Von hier aus erkunden sie wie Bienenvölker die Stadt. Wo das grüne Sehen-und-gesehen-Werden des Lindenhofs endet, beginnt der Kern der Quadratestadt. Das Rheinufer wird industrieller und nutzungsorientierter. Aber auch hier blühen Bäume und Blumen entlang der Promenade. Gegenüber faszinieren die imposante Kulisse der futuristischen, einer Welle nachempfundenen Shoppingmall Rheingalerie und die schnieken weißen Neubauten der Parkinsel in Ludwigshafen. Vielleicht ist es diese szenische Vielfalt, die Abwechslung von ineinanderfließender City und Vorstadt, die hier so ein aufregendes Gefühl von Pioniergeist schenkt. Nur einen Katzensprung von den Quadraten entfernt und doch in einer anderen Welt. Hier kann man Ruhe genießen und sich auf eine Bank oder ins Gras fallen lassen und träumen. Stufen führen hinunter bis zum Wasser und laden zum Ausruhen ein. Sehnsucht stellt sich ein. Ist es Fernweh?

Gleich hinter den Enten und Schwänen tuckern die großen Frachtschiffe mit Kurs auf ihren Bestimmungsort. Möwen segeln gekonnt hinterher. Wenn man genug gestaunt hat, kann man einfach in den scheinbar alten, rostigen Hafenspeichern in der sehenswerten Speicher 7 Bar zum stylischen Drink übergehen. Das bekannte Mannheimer Architekturbüro Schmucker und Partner hat aus dem ehemaligen Notgetreidespeicher mit seinen Silos eine bezaubernde Oase auf internationalem Top-Design-Level gebaut, der das industrielle Flair der 50er-Jahre mit modernem Design verbindet. Es ist alles ein wenig anders hier: Die Uhren über der Rezeption zum Beispiel zeigen nicht die Zeit in New York, London und Paris an, sondern die in Koblenz, Duisburg und Schaffhausen – in anderen Städten am Rhein.

Von der Terrasse aus kann man in Gedanken auch weiterhin den Schiffen folgen und seine Sorgen einfach mit an Bord laden. Schiff ahoi!

- Rheinufer bei Speicher 7, Rheinvorlandstraße 7, 68159 Mannheim
- ÖPNV: Bus 60, 65, Haltestelle Universität West (ca. 450 Meter Fußweg); diverse Linien, Haltestelle Schloss (ca. 950 Meter Fußweg)

Grüner Sternenhimmel

74 Galaxiemittelpunkt Karlstern, Käfertaler Wald

Sternenförmig kommen die Wege beim Karlsternpavillon zusammen, am Zentrum und Wahrzeichen des Käfertaler Waldes. Der Pavillon ist Ausgangspunkt für die zahlreichen Ausflügler. Es gibt gefühlt ungefähr genauso viele Wege wie Sterne hier. Dieser Wald ist mit 1276 Hektar der größte in Mannheim und der meistbesuchte stadtnahe Wald in Baden-Württemberg. Der Karlstern und Karlsternweiher sind bereits um die Jahrhundertwende 1300 nach Christus entstanden. Der Karlstern war damals Kreuzungspunkt für die Wege durch das damalige Jagdgebiet um das Jagdschloss zum ersten Wildtränkteich. Wenn man ganz leise ist, kann man noch die kurfürstlichen Rappen galoppieren und die Jagdhörner rufen hören.

Während vor dem inneren Auge Filme ablaufen, atmet man die frische Waldluft ein und bestaunt die magischen Lichtreflexe, die durch die Kiefern strahlen. Auf den Wegen, die sich wie ein lustiges Spinnennetz durch den Wald ziehen, gibt es überall kleine Wunder zu bestaunen. Es führen Pfade zum Gehege der Bisons, Rehe, Muflons und Wildschweine. Weiter hinten im Wald geht es zum Spielplatz, zum Vogelpark oder zum Minigolf. Der Wald ist voller Leben, es ist fast lauter als in der Stadt. Überall Menschen, die sich ihre Portion Grün abholen, um ihre Zellen wieder mit Leben zu füllen.

Welchen Weg soll man wählen? Jeder für sich birgt sein eigenes kleines Geheimnis und führt an andere Auftankstellen. Nach einer glückshormonausschüttenden Runde auf dem Trimm-dich-Pfad kühlen Freizeitsportler ihre heißen Füße im atemberaubend kalten Kneipp-Becken ab. Tüchtige Wanderer haben ihre helle Freude am gut ausgebauten und ausgeschilderten Wegenetz. Der Karlstern ist, je nach Jahreszeit und Wetter, die Mitte der endlosen Waldruhe oder auch das Herz des pulsierenden Lebens. Rechts und links der Wege laden Liegewiesen, Grillmöglichkeiten und Hütten zum Verweilen ein. Der Karlstern ist so bedeutend für die Mannheimer, dass er einen eigenen Verein hat: den Förderverein Freunde des Karlsterns. Vielen Dank, liebe Freunde!

- Karlstern, Karlsternstraße, 68305 Mannheim
- ÖPNV: Straßenbahn 55, Haltestelle Langer Schlag (ca. 750 Meter Fußweg)

Walnuss im Winter

75 Gespendetes Glück im Bürgerpark Feudenheim

Im Nordwesten Feudenheims, am Wingertsbuckel, gibt es ein großes grünes Stück Vorzeigeglück für alle: den Feudenheimer Bürgerpark. Jugendliche und Kinder lachen ausgelassen im Skaterpark, Cracks probieren ihre Tricks, kleine Geschwister staunen ehrfürchtig daneben. Mountainbiker üben waghalsige Stunts auf dem BMX-Parcours. Mutig überspringen sie Hügel und rasen Abhänge hinunter. Man kann hier aber auch einfach in aller Ruhe die sorgfältig angelegten Wege entlangschlendern, ob allein oder mit zwei- oder vierbeinigem Begleiter. Der Park ist ein Baum-Museum im Freien – genauer gesagt ein Arboretum. Spielerisch lässt sich raten, welcher Baum welcher sein mag. Es gibt sie hier so ziemlich alle. Das Glück hat an diesem Ort viele Namen und Gesichter: Kaiser- und Silberlinden, Stieleichen, Vogelkirschen und Purpur-Erlen.

Der Bürgerpark lebt von Spenden, von Baumspenden. Jedes Jahr finden sich Privatpersonen, Vereine oder Firmen, Parteien und Institutionen, die eine Baumspende geben. Sie kann bei den „GRÜNTATEN Mannheim" getätigt werden und kostet 300 Euro, eine Bankspende 450 Euro. Seit Beginn der Spendenaktion der Stadt Mannheim 1988 wurden insgesamt 45 Bänke und 1202 Bäume gespendet. Die Spender machen ihren Liebsten und allen Mannheimern ein besonderes und nachhaltiges Geschenk. Sie schenken Atemzüge, ein Stück Stadtachtsamkeit, Grünrettung und Beisammensein an einem Sonntag im Frühling. Das Flugsandgelände, auf dem der Park erbaut wurde, die Bell, zeichnet sich durch ökologische Extrembedingungen aus: Trockenheit und Temperaturschwankungen zwischen Tag und Nacht von bis zu 50 Grad (im Sommer bis zu 70 Grad) machen jedes Leben zur Herausforderung. Hier kommen daher vor allem Pflanzen und Tiere aus dem Mittelmeergebiet oder den Steppengebieten Osteuropas vor, darunter auch seltene und geschützte Arten.

Der Bürgerpark erhielt 2013 eine Auszeichnung des Landes im Rahmen der Initiative „Mittendrin ist Leben – Grün in Städten und Gemeinden in Baden-Württemberg". Wer hier war, weiß warum.

● Feudenheimer Bürgerpark, 68259 Mannheim
www.mannheim.de/gruentaten
● ÖPNV: Straßenbahn 7, Haltestelle Talstraße; Bus 45, 50, 58, 64, Haltestelle Adolf-Damaschke-Ring (ca. 800 Meter Fußweg)

Lehrreiche Schwanenwanne

76

Die Emma-Weihrauch-Bucht in der Neckarstadt

Es ist noch recht unbekannt, dieses unscheinbare kleine Wasser-Klassenzimmer unterhalb der Dammstraße in der westlichen Neckarstadt. Am Ende der grauen Flussbausteine am Neckarstädter Neckarufer befindet sich eine ideale Berührungsmöglichkeit für die Mannheimer mit dem Fluss. Hohe Gräser, Weiden und Pappeln säumen die Bucht. Ihren Namen verdankt die künstlich angelegte Emma-Weihrauch-Bucht ihrer Spenderin Emma Weihrauch, die dem Mannheimer Fachbereich für Baurecht und Umweltschutz 450.000 Euro für den Naturschutz hinterlassen hat. 2010 wurde das Fisch- und Schwanenparadies nach ganzen 8 Monaten Bauzeit fertiggestellt. Auch dank vieler weiterer Spender. Sie ist Teil des Projekts „Lebendiger Neckar", das die Erschließung des Neckarvorlandes und eine lebendige und erlebbare Flusslandschaft zum Ziel hat.

Etlichen Tieren und Pflanzen hat der Ausbau der 150 Meter langen Flachwasserbucht einen neuen Lebensraum geschenkt. Für die Fische ist die strömungsarme, flache Bucht zwischen Jungbusch- und Kurpfalzbrücke, die wie ein kleines Hafenbecken aussieht, Kinderstube, Unterschlupf und Winterquartier. Die kleinen Jungfische vergnügen sich geschützt vor der Strömung. Auch Schwäne und andere Vögel treiben entspannt in sicheren seichten Gewässern. Wo die Schule aufhört, fängt der echte Unterricht an. Nicht nur Kinder können in der Neckarbucht hinter der Kurpfalzbrücke beobachten, wie das Leben am und im Fluss aussieht und sich anfühlt. Näher kann man dem Fluss kaum sein. Nur an wenigen Stellen in Mannheim kommt man ohne Weiteres so nahe an den feuchten Lebensraum heran. Der sonst so wilde Neckar ist hier anfassbar, nahbar und greifbar. Spaziergänger und Neckarwiesenlieger lieben die tierische Gesellschaft. Immer mehr solcher kleinen Bewohner finden hier ihr gemütliches Zuhause. Wenn die Mannheimer Glück haben, siedeln sich möglicherweise sogar wieder Biber an. Eine perfekte Verschmelzung von der Stadt mit ihren Flüssen, was Mannheim so besonders macht.

- Emma-Weihrauch-Bucht, zwischen Kurpfalz- und Jungbuschbrücke, 68169 Mannheim
- ÖPNV: Bus 53, Haltestelle Lortzingstraße; diverse Linien, Haltestelle Alte Feuerwache (ca. 700 Meter Fußweg)

EVERGREEN
MAERSK
YANG MING
Hapag-Lloyd
AERSK
EVERGREEN
ONE
Hapag-Lloyd
U A S C

Von Rehen und Molchen

77

Kopflache am Friesenheimer Altrhein

Wo Grüntöne wie Wasserfarben ineinanderfließen und Mannheim grün schattiert ausläuft, die Industrieschlote kleiner und die Förderbänder leiser werden, zwischen Friesenheimer Insel und Sandhofen, reihen sich Mannheims größte Biotope nahtlos aneinander. Hier, im nördlichen Teil des Oberrheinischen Tieflandes, wo der Rhein sich gabelt, befindet sich die Kopflache am Friesenheimer Altrhein, seit 1988 ein ausgewiesenes Naturschutzgebiet. Ein Teil davon ist das Feuchtgebiet mit Auenwald, Schilfröhricht und Seggenried. Regelmäßig überschwemmen die wilden Wasser des Vaters Rhein die Wiesen und Felder, nimmt die ungezügelte Natur Besitz von dem, was ihr eigentlich ohnehin schon gehört. Anmutig rauschen die mannshohen Schilfgräser im Wind.
Über die Kalthorststraße in Sandhofen Richtung Rhein betritt der Blick grüne Steppe. Wie kommt man überhaupt in dieses versteckte Paradies? Was, wenn die Tür verschlossen ist? Ehrlich gesagt, muss man auch ein wenig suchen. Es gibt einen Weg vom Xylon Werk zum Rhein, von wo aus das Gebiet betreten werden kann. Die Kopflache sind 21 Hektar reinstes Grün, das je nach Jahreszeit die farbliche Schattierung anpasst. Und während man so vor sich hin schlendert, trifft man vielleicht den Teichrohrsänger, einen lustigen Gesellen, der laut von seinem vergnüglichen Leben hier singt. Die Überschwemmungsaue hier am Altrhein ist ein wichtiger Rückzugsort für viele Brutvögel. Rehe lugen scheu aus dem Gebüsch. Von irgendwo kreuzt eine Libelle den Weg, ihre Flügel glitzern in der Sonne. Ihre Reise kreuzt sich fast mit dem Sturzflug des Vogels. Im nordöstlichen Bereich des Naturschutzgebiets mit Ruderalvegetation finden sie zuverlässig Nahrung, damit sie weiter ihre Lieder trällern können. Wenn man besonders viel Glück hat, begegnet man dem Kamm-Molch. Hat er einen Rückenkamm, ist es ein Männchen zur Paarungszeit. Die endlosen Pampasgras-Felder sehen aus, als würde der Wind sie streicheln. Einfach beseelt ins Grün horchen.

- Naturschutzgebiet Kopflache am Friesenheimer Altrhein, 68307 Mannheim
- ÖPNV: Straßenbahn 3, Haltestelle Sandhofen (ca. 2,8 Kilometer Fußweg)

Paradies der Tiere

78 Wilde Welt – die Kuckucksinsel

Weit draußen, in der schlingenartigen Umarmung des Rheins, finden die Vögel ihr eigenes Paradies. Die Kuckucksinsel, ein Teil der Reißinsel zwischen Neckarau und Lindenhof, bietet von Ende März bis Ende Juni fast 100 Hektar unberührte Wildnis exklusiv. Hier tanzen unzählige Vögel verliebt, besingen die Brunft und ziehen liebevoll ihren Nachwuchs groß, um ihn bald in die große weite Welt zu entlassen. In den anderen Monaten ist man als Spaziergänger geduldeter Gast. Gütig erlaubt einem der grüne Mikrokosmos dann, alle Sinne mit Leben aufzutanken, bis die Sonne orangerot hinter der nächsten Ecke im Rhein versinkt. Dann lässt die Natur einen teilhaben an unbegrenztem Wachsen und Werden. Der Bannwald auf der Reißinsel wird nicht bewirtschaftet und bleibt so immer natürlich perfekt unperfekt.

Die Reißinsel ist eine der letzten natürlich vorkommenden Rheinauen im Oberrheingebiet. Ihr verwunschener Auenwald, Streuobstwiesen, Schluten und Strände führen in magisch-grüne Traumwelten. Staunend schlendert man vorbei an umgestürzten Baumstämmen, auf denen jetzt Moose wachsen und die hier ein Geben und Nehmen auf höchstem Level entstehen lassen. Entlang der Strände kann man sich in ruhige, ungestörte Buchten zurückziehen und einfach die Ruhe genießen. Die vom Wasser weich gewaschenen Kiesel und Muscheln fühlen sich wie Strand an, wie ein kleiner Urlaub am Meer. Wenn man den Schiffen eine Weile folgen würde, käme man auch bestimmt an einem Strand an. Wilde Weinreben ranken sich um alte Bäume, die hier ein Leben in friedlicher Koexistenz mit anderen Lebewesen führen. Vielleicht zählen sie, wie viele Laubfrösche am Tag so über ihre Wurzeln hüpfen, und lachen innerlich über die kleinen Kerlchen?

Vor seinem Tod 1911 verfügte Namensgeber Carl Reiß: „Die Insel ist möglichst in dem jetzigen Zustand zu erhalten und der öffentlichen, allgemeinen Benützung unentgeltlich zu übergeben." Dies war die wohl beste Entscheidung für Mensch und Tier, die es in Mannheim je gegeben hat.

- Kuckucksinsel, Zugang bei Anna-Reiß-Weg, 68199 Mannheim
- ÖPNV: Bus 49, Haltestelle Strandbad Neckarau, (ca. 700 Meter Fußweg); Straßenbahn 3, Haltestelle Rheingoldhalle (ca. 1,4 Kilometer Fußweg)

50 Shades of Green

79 Königlich flanieren am Stephanienufer Lindenhof

Man kann sich gut vorstellen, wie hier einst das blaublütige Gefolge umherwandelte. Damals, als Großherzogin Stéphanie von Baden (1789–1860) nach dem Tod ihres Ehemannes Prinz Karl mit Vorliebe im Mannheimer Schloss weilte und sich hier der Wohltätigkeit widmete. 1799 bis 1821 wurde die Festungsanlage Mannheims geschaffen und von der Sternwarte bis zum sogenannten Schnickenloch als englischer Garten angelegt, der der Bevölkerung offenstand. Ausgenommen davon war das Prinzessengärtchen, das nur von der Großherzogin und ihren drei Töchtern genutzt wurde. Stéphanie ließ dann 1832 eine Promenade vom Mannheimer Schloss bis in den Waldpark errichten und schenkte sie der Stadt, die die Fertigstellung bis 1836 übernahm. Das heutige Stephanienufer.

Auf dem unglaublich schönen endlos scheinenden Spazierweg unter Bäumen, wo bereits unsere Ururgroßeltern im Schatten gesessen haben könnten, gelangt man von hier rheinaufwärts Richtung Neckarau und Waldpark, vorbei am idyllischen Bellenkrappen. Gegenüber präsentiert sich auf dem ganzen Weg die abgeschiedene Parkinsel. Sie gehört allerdings schon zu Ludwigshafen. Das Stephanienufer ist äußerst beliebt, seine 50 Shades of Green ziehen Spaziergänger und Jogger magisch an. Es wirkt so ein bisschen wie ein Schaulaufen der Könige und Königinnen. Man fühlt sich beim Flanieren zurückversetzt in Stéphanies Zeiten. Das liegt vielleicht auch daran, dass man sich eigentlich noch immer im Mannheimer Schlosspark befindet.

Ein Gedenkstein erinnert an die mittelalterliche Zollburg Eichelsheim. Beim Schiffermast an den berühmten Mannheimer Rheinterrassen kann man sich dann einen Drink bei atemberaubender Aussicht genehmigen. Und eigentlich will man nur noch hier sitzen bleiben, das königliche Leben um sich herum aufsaugen und genießen.

- Stephanienufer Lindenhof, 68163 Mannheim
- ÖPNV: Straßenbahn 3, Haltestelle Windeckstraße (ca. 400 Meter Fußweg)

Wald mal anders

80 Bambusgarten im Herzogenriedpark

Auch der kleine Bruder des Luisenparks, der Herzogenriedpark, ist ein Glücksort mit unglaublich vielen Facetten. Romantiker und Rosenfans würden ganz sicher das Rosarium als schönste Ecke des Parks bezeichnen. Mehr als 100.000 Rosen in etwa 130 Sorten warten hier auf Bewunderer. Ihr Duft empfängt einen schon von Weitem, lullt den Besucher ein und entführt in Welten, von denen man sonst nur träumt. Eher leiser und weniger spektakulär, dafür aber auch wunderschön und irgendwie ein bisschen mystisch ist der Bambuswald bei der Kneippanlage. Nach dem belebenden Gang durch das eiskalte Kneipp-Becken kann man sich erleichtert auf eine der Holzbänke fallen lassen und spüren, wie die Füße sich langsam wieder mit Blut füllen und zum Leben erwachen. Nach diesem erfrischenden Vergnügen fühlt man sich wie neugeboren. Wenn man nach dem Kältereiz wieder klar denken kann, schaut man nach oben und stellt fest, dass man sich mitten in einem kleinen Wald befindet. Aber dies ist kein gewöhnlicher Wald! Leise raschelt der hohe Bambus um einen herum im Wind, streichelt die Seele und flüstert sanft: „Sieh dich um … komm rein …“ Warum nicht? Man kann zum endgültigen Füßeaufwecken einfach hindurchspazieren. Die Pflanzen sind beinahe so hoch wie mehrstöckige Häuser. Im Wäldchen ist es angenehm kühl und schattig. Fast könnte man sich hierin verlaufen. Für Kinder scheint das alles wie ein großes Abenteuer!

Wenn man den Bambus berührt, fühlt man sofort die sanfte, heilende Kraft der Natur und kommt sich unmittelbar irgendwie geerdet vor. Mitten im Wald gibt der Bambus bei einer Bank den Blick auf die plätschernden Springbrunnen im Fontänensee frei. Hier kann man sitzen, einfach mal die Seele baumeln lassen und Enten beobachten. Einen tollen Überblick bekommt man auch auf den Holzstegen rund um den See. Also? Rosen oder Bambus? Keine Angst. So groß ist der Park nämlich nicht. Man kann hier einfach alles haben.

- Herzogenriedpark, Max-Joseph-Straße 64, 68169 Mannheim
- ÖPNV: Straßenbahn 4, 4A, 5, 5A, Bus 61, Haltestelle Bonifatiuskirche

Für meine Mama und meine Stella, denen ich die Zeit für diese Zeilen geklaut habe.
Für Tanja und Serena, meine Cheerleader und Lichter.
Für Boba, Kay und Saskia, die Notfallretter.
Für Dennis – mein nächstes und größtes Herzensprojekt.
Für absolut alle, die mich durch die letzten 2 Jahre begleitet, getragen und ertragen haben. Die meine ständigen „Ich kann heute nicht, ich muss am Buch weitermachen" hingenommen und verstanden haben. Ihr seid die Besten!
Wie sage ich nach jedem fertigen Buchmanuskript? „Das mache ich nie wieder!" Versprochen. Glaube ich.

Bibliografische Informationen der Deutschen Nationalbibliothek
Die Deutsche Nationalbibliothek verzeichnet diese Publikation in der Deutschen Nationalbibliografie; detaillierte bibliografische Daten sind im Internet über http://dnb.d-nb.de abrufbar.

Konzeption/Satz: Droste Verlag, Düsseldorf
Einbandgestaltung und Illustrationen: Britta Rungwerth, Düsseldorf, unter Verwendung von Bildern von © Fotolia.com: jd – photodesign.de; © iStock: Plociennik Robert
Fotos: Nina-Jenni Badelt, außer:
Laura Brenneisen: S. 101, S. 145, S. 163; Das Märktchen: S. 89; Alexander Krziwanie/Stadt.Wand.Kunst: S. 59; Adriana Legron: S. 131; SNOCKS Coffee: S. 35; Benjamin Traschütz: S. 125
Textlektorat: Antje Kluth, Düsseldorf

MIX
Papier aus verantwortungsvollen Quellen
FSC® C011279
FSC www.fsc.org

Druck und Bindung: LUC GmbH, Greven
ISBN 978-3-7700-2326-4

www.droste-verlag.de